밥
상

아
리
랑

밥상아리랑

북녘에서
맛보는
우리음식
이야기

김정숙 · 씀
차은정 · 옮김

빨간소금

책을 펴내며

나는 2008년부터 2년에 한 번씩 도쿄의 조선대학교 생활과학과 학생들을 데리고 '단기연수'를 위해 북조선을 방문했다. 그 과정에서 '음식을 통해 있는 그대로의 북조선을 전하고 싶다, 조선 음식은 북조선과 우리를 강고하고 확실하게 연결하는 수단이다'라는 생각을 품게 되었고, 그러한 생각을 〈조선신보〉(재일본조선인총련합회(조총련) 중앙상임위원회 기관지)에 연재하게 되었다. 기행문 형식의 글이므로 '생활 속의 음식 문화'라는 틀을 의식하며, 실제로 있었던 일을 가능한 알기 쉽게 설명하고 거기에 인간미를 더하고자 했다. 조금 더 욕심을 내서, 앞으로 북조선이 문화 강국으로 성장할 가능성을 독자들이 조금이라도 알아주기를 바랐다.

학생들은 북조선에서 많은 일을 경험하면서, 특히 음식

문화를 둘러싸고 일본과는 다른 정서(좋은 면이든 좋지 않은 면이든)를 느끼는 것 같았다. 나는 그 점이 흥미로웠다. 학생들은 일본에 생활 기반을 두고 있기 때문에 살아가면서 익힌 일본적인 생활 습관을 완전히 바꿀 수는 없다. 그러면서도 '민족교육'*을 받는 과정에서 갖춘 조선인으로서의 정체성 또한 확고하다. 이렇듯 모순된 조건에서 다양한 체험을 하면, 의외의 행동과 발언이 나오기 마련이다. 이런 모습을 글 곳곳에 담아 보고자 했다.

이야기에 때때로 등장하는 언니는 내가 세 살 무렵 만경봉호를 타고 조국으로 귀국했다. '북조선에 언니가 있다'는 사실은 내가 북조선을 더 가까이 느끼는 크나큰 이유다. 그리고 아버지는 미식가라면 미식가였다. 우리 가족의 생

• 1945년 8월 해방 이후 재일조선인은 아이들에게 조선어를 가르치기 위해 일본 각지에 국어강습소를 개설한다. 이 강습소는 조선어, 조선 역사 등 보다 체계적인 교육을 위해 조선학교의 형식을 갖추게 되고, 1947년 10월에는 500곳을 넘어서게 된다. GHQ(연합군 최고사령관 총사령부)와 일본 정부는 조선학교에 대한 통제를 강화하고 사립학교 인가마저 취소한다. 이후 지금까지 조선학교는 '각종학교'로서 일본 정부의 차별과 배제에 맞서 한민족의 언어와 역사, 문화를 교육하는 기관으로 자리매김했다. 현재 약 60여 개의 유치원, 초·중·고급학교, 대학교가 있다. 이러한 조선학교에서의 교육을 통칭해 '민족교육'이라고 부른다.

활이 결코 넉넉하지 않았음에도 불구하고 식탁에는 매번 여러 음식이 올라왔다. 아버지는 음식을 앞에 두고 "맛이 진하다", "재료 손질이 틀렸다" 등등 품평하기 일쑤였다. 그때는 '따질 필요도 없는 자잘한 것'이라고 생각했기 때문에 군이 일일이 지적해서 시비를 거는 것처럼 보였다. 지금에 와서는 '따질 필요도 없는 자잘한 것'이 나를 받쳐 주는 토대, 즉 '소중한 삶의 자산'임을 느낀다. 아버지가 살아계셨다면 분명히 이 글에 적절한 지적이나 조언을 했을 것이다.

연재 중에 개인적으로 여러 사람들로부터 위로와 격려의 말, 질문을 받았다. 쓰면 쓸수록 독자들에게 부끄럽지 않아야겠다는 생각이 들어서, 문장 하나도 책임감을 가지고 쓰려고 노력했다. 이 다짐을 지킬 수 있었던 데에는 〈조선신보〉 편집진의 역할이 컸다. 나는 그 분들로부터 많은 것을 배웠다. 이 자리를 빌어 감사하는 마음을 전한다. 또 이렇게 멋진 책이 나오기까지 여러모로 애쓴 조선대학교 이공학부의 임정혁 선생에게 하고 싶은 말이 있다.

"고맙습니다."

차은정 교수는 이 책의 바탕이 되는 《朝鮮食紀行(조선식기행)》을 읽은 최초의 한국인이다. 차 교수는 책을 읽은 뒤 첫인상을 "따뜻하고 흔연한 웃음이 저절로 나온다"라고 표현했다. 그러면서 한국에서 꼭 출판하고 싶다고 했다. 나는 음식을 통해 북조선 사람들의 생활을 자연스럽게 전할 수 있는 좋은 기회라고 생각했다. 또한 원고를 가필하고 편집하는 과정에서 빨간소금출판사 임중혁 대표가 여러 조언을 했다. 그 조언이 이 책을 더 폭넓게 만드는 힘이 되었다. 두 분께 진심으로 감사한다. 마지막으로 이 책의 주인공인 가이드, 요리사를 비롯해 북조선에 있는 여러분들과 언니들, 조선대학교 학생들에게 감사의 마음을 전한다.

차례

일러두기

── 이 책은 도쿄의 조선대학교에서 펴낸 《朝鮮食紀行》을 바탕으로 하고 있다. 《朝鮮食紀行》의 1부 내용에, 이 책 출판 이후 같은 콘셉트로 〈조선신보〉에 연재한 글을 덧붙여 만들었다. 한국 독자들의 이해를 돕기 위해 북한의 역사, 지리, 용어, 재일 동포들의 생활 등과 관련한 많은 내용을 보충했다.

── 재일조선인은 '북한'이라는 말을 사용하지 않는다. 북한을 우리나라, 조국, 북조선, 공화국, 조선 등으로 부른다. 따라서 본문에서는 재일조선인인 글쓴이의 뜻에 따라 북한을 우리나라, 조선, 북조선, 공화국 등으로 옮겼다. 대한민국은 '한국'으로 통일했다.

── 본문의 주석은 모두 '옮긴이 주'이다.

1부

냉면이 아니라 온면?

백두산 감자

군감자와 농마국수

평양호텔 레스토랑에는 으레 감자 요리가 테이블에 올라온다. 감자는 세계 어디서나 볼 수 있는 식재료다. 수확량이 풍부하고 황무지나 한랭지에서도 잘 자라며, 건조 지역에서 특히 잘 보존되기 때문이다. 원산지는 남미 안데스 지방이며, 16세기 무렵 스페인 정복자들이 아메리카 대륙에서 유럽으로 가져왔다. 당시 기아에 허덕이던 유럽 사람들에게 구황작물 역할을 톡톡히 하면서 유럽 전체로 퍼졌다. 감자가 질병을 일으켜 한때 많은 사람들이 희생되기도 했다. 그 뒤 감자는 조선이나 일본 등 아시아 지역에서도 점차 주식 대용으로 밥상에 올랐다.

우리나라에서는 황무지 문제를 해결하기 위해 토지와 농업용수를 두 축으로 1990년대부터 대대적인 개량 사업을 시행했다. 나아가 우량 품종의 개량 사업도 활발하게 진행했다. 복합 미생물 비료를 각종 농장에서 사용함으로써 질적인 면에서는 물론이고 생산량에 있어서도 '감자 혁명'으로 불릴 만큼 획기적으로 식량 문제를 해결해 왔다.

여기서 우리나라는 북조선을 가리킨다. 재일 동포인 내가 북조선을 '우리나라'로 부르는 데에는 그만한 사정이 있다. 민족교육을 받은 재일 동포는 일본 사회에서 한민족의 일원으로서 우리 민족의 얼을 품고 사는 일이 얼마나 소중한지를 잘 알고 있다. 그렇지만 일본 사회에서 민족교육의 실천은 험난하며, 특히 재정적으로 많은 어려움이 따른다. 도움이 필요할 때마다 북조선으로부터 물심양면 지원을 받았다. 덕분에 재일 동포는 교육권과 특별영주권 등 인도적 차원에서 일본 정부의 제도적 보호를 받을 수 있었다. 이러한 역사 때문에 나처럼 민족교육을 받은 재일 동포는 북조선을 우리나라로 부른다.

감자 요리는 무엇보다 간단하게 끼니를 해결할 수 있어서 좋다. 삶은 감자는 별도의 요리 과정 없이 바로 먹을 수 있다. 포실하게 잘 익은 감자는 적당히 달다. 그 소박한 맛에 전분이 더해져 약간의 쫄깃한 식감마저 느낄 수 있다. 재일 동포들 또한 감자탕과 감자지짐 등 여러 가지 감자 요리를 해 먹는다. 감자지짐은 보기에는 투박해도 한민족 고유의 맛이 담겨 있다. 또 감자를 삶아서 으깬 다음 채 썬 오이, 당근, 기타 채소를 적당히 버무려서 마요네즈로 간을

(위) 새까맣게 탄 백두산 군감자.

(아래) 숯을 얼굴에 문지르며 장난치는 학생들, 백두산 군감자 최고!

맞춰 먹는 감자 샐러드도 즐겨 먹는다.

2011년 백두산을 방문했을 때는 감자가 나기에 이른 철이라서, 잔챙이들이 많고 맛이 덜 든 것 같았다. 하지만 모처럼의 기회인지라 감자를 먹어 보기로 했다. 백두산 감자가 지역 특산품으로서 양도 많고 맛도 최고라고 하여 이 기회를 놓칠 수 없었다. 군감자를 맛보기로 했다. 보통 구워 먹는다고 하면 고구마를 떠올리지만, 구워 먹는 감자의 맛은 어떨지 궁금했다.

백두산 인근에 위치한 베개봉호텔의 주방 직원은 우리 도착 시간에 맞춰 숯과 낙엽에 불을 피우고 그 속에 감자를 넣어 먹기 좋은 상태로 구워 주었다.

"감자를 먹기 좋게 구웠으니 광장으로 나와 주세요!"

짐을 내리기 무섭게 직원의 불호령이 떨어졌다. 모두 재빠르게 달려가 불더미를 에워쌌다. 백두산은 한여름에도 낮에만 덥고, 해가 지면 긴 소매의 옷을 입어야 할 정도로 바람이 서늘하다. 몸을 따뜻하게 덥히면서 기다리는 학생들에게 주방 직원은 군감자를 하나씩 꺼내어 나눠 주었다.

새까맣게 탄 껍질을 벗기면 그 속에 모락모락 김을 피우는 하얀 속살이 드러난다. 맛이 담백해서 굵은 소금을 적당량 찍어 먹으면, 달지 않은데도 단맛을 느낄 수 있다. 달고 짤 뿐인데, 맛있고 싫증나지 않는다. 감자와 소금의 소박한 맛 뒤에는 숯의 진한 향이 여운처럼 남는다. 맛은 물

농마국수. 냉면 면발보다 몇 배 딱딱해서 씹을 수가 없었다.

론이거니와, 껍질의 검댕이 묻은 손으로 친구나 가이드의 얼굴을 문지르면서 장난치는 재미도 함께 누렸다. 백두산을 방문하면 반드시 군감자를 맛보기 바란다.

이와 별도로 백두산의 베개봉호텔에서는 지역산 감자를 주재료로 한 정식 요리가 등장했다. 평양을 출발하기 전부터 학생들이 백두산 농마국수(감자의 녹말가루로 만든 국수)를 꼭 먹고 싶다고 해서 호텔 측에 부탁했다.

"농마국수가 나오면 무조건 다 먹어야 합니다."

나는 학생들에게 당부했다. 그러자 학생들이 자신만만하게 대답했다.

"당연하죠! 우리가 감자 요리를 남길 리가 있습니까?"

우리는 호텔 식당에 도착해서 바로 농마국수를 주문했다. 부푼 마음으로 드디어 농마국수를 맞이했다. 그러나 학생들은 한 입 먹자마자 얼굴을 잔뜩 찡그렸다. 예상과는 달라도 너무 다른 모양이었다. 냉면 면발보다 몇 배 딱딱해서 씹을 수가 없었다. 학생들은 면발을 씹느라고 악전고투했다. 그래도 다들 눈물을 머금고 열심히 먹었다. 감자를 좋아하는 학생들도 더 달라고 하지 않고 썩은 미소를 지을 뿐이었다.

그때 이후로 백두산을 방문할 때에는 농마국수를 먹지 않고, 다만 군감자와 찐 감자를 맛있게 먹는다. 농마국수의 추억을 아련하게 떠올리면서.

처음 본 맛에 푹 빠지다
옥수수 막걸리

옥수수는 쌀, 보리와 함께 세계 3대 곡물이다. 날로 먹기도 하고 기름으로 짜서 먹기도 한다. 콘플레이크, 옥수수 녹말가루, 팝콘, 동물의 사료 등 가공식품의 재료로 쓰인다. 최근에는 옥수수에 들어 있는 바이오 에탄올의 수요가 커지면서 가격이 치솟고 있다. 나아가 유전자 조작 기술로 품종 개량이 활발해지면서 다양한 품종이 출시되고 있다. 예를 들어 단맛이 강한 품종, 병충해에 강해 잡초가 자랄 수 없는 품종 등. 다만 이런 개량 품종들이 인체에 어떤 영향을 미칠지는 아직 정확히 모른다.

일본인들은 식습관이 서구화되면서 옥수수로 만든 인스턴트식품 및 가공식품을 일상적으로 먹는다. 일본에 사는 재일 동포 또한 마찬가지다. 그래서 유전자 조작 식품의 잠재적 위험성을 알고 나면 무서운 기분이 들기도 한다.

특히 일본은 식품 수입의 90%를 유전자 조작 기술 선진국인 미국에 의존하고 있다. 식생활의 근본적인 개선을 진지하게 고민할 수밖에 없는 상황이다.

옥수수는 콜럼버스가 아메리카 대륙에서 '발견'한 이래 유럽·아시아 지역으로 광범위하게 퍼져 나갔다. 생산량은 아메리카가 가장 많고 중국과 브라질이 뒤를 잇는다. 옥수수는 필수아미노산인 트립토판이 적다. 트립토판은 체내에서 에너지 대사에 필요한 나이아신(수용성 비타민)으로 바뀐다. 그래서 옥수수만 지나치게 많이 먹으면 나이아신 결핍증인 펠라그라병(얼굴과 손발에 홍반, 수포, 색소 침착 등이 생기며, 피부염이나 위장 장애, 신경 장애를 일으킨다)이 생긴다.

이 병은 지금도 옥수수를 주식으로 하는 일부 지역(남아프리카 동남부, 멕시코, 페루 등) 사람들에게 나타나고 있다. 펠라그라병을 예방하는 방법은 옥수수 가루를 발효시키지 않고 석회석의 마찰을 이용해 빻아(얇게 반죽해서 구운 멕시코의 토르티야가 대표적이다) 먹는 것이다. 이렇게 하면 옥수수가 알칼리 처리되어 나이아신을 활성화할 수 있다. 또한 동물성 식품을 비롯해서 다양한 식재료와 함께 먹어도 좋다.

우리나라에서 옥수수는 주요 곡물 중 하나로 대량 생산되고 있다. 인민에게 배급하는 곡물에도 옥수수가 적게는

나는 쌀 막걸리보다도 단연 옥수수 막걸리(강냉이막걸리)가 훨씬 좋았다. 사진은 '태양절료리축전(2019년)'에서 찍은 것이다.

3할, 많게는 7할 이상을 차지한다. 2013년 방문에는 가이드의 소개로 현지 사람들이 자주 이용하는 식품점을 갈 수 있었다. 요리 연수가 목적인 조선대 방문단을 배려한 것이다.

실제로 해외 동포가 우리나라를 방문할 때에는 해외동포사업국에서 방문 목적에 따라 가이드를 선정해 파견한다. 예컨대 단기연수가 방문 목적인 경우에는 그에 알맞은 정보를 제공할 수 있는 가이드를 선정한다. 또 도쿄의 재일 동포들이 단체를 조직해서 '도쿄 동포 방문단' 이름으로 방문하면 그들의 요구를 들어줄 수 있는 가이드를 선정한다. 재중 동포, 재러 동포 등 어느 나라에서 왔는가에 따라서도 가이드가 각각 다르다. 이들 가이드는 동포들이 우리나라에 머무는 동안 일정을 함께하며 방문단의 각종 편의를 도모한다.

이번 방문에서 우리를 안내한 가이드는 우리의 요구를 최대한 들어주었다. 가이드와 함께 찾은 식품점에는 다양한 식품이 진열되어 있었고, 우리나라 화폐가 있었다면 구입했을 것들이 많았다.

잠시 식품점 안을 둘러보다가 냉장고 안에 있는 '강냉이 막걸리'라는 상표가 붙은 술이 눈에 띄었다.

'이건 처음 본다. 쌀 막걸리는 흔하게 볼 수 있지만 이것은 처음이야. 먹어 봐야지!'

쌀 막걸리와 옥수수 막걸리를 각각 다섯 병씩 구입해서 맛을 비교하기로 했다. 그렇게 해서 먹어 본 쌀 막걸리는 여하간 달았다. 단맛이 강하다고 말하는 게 적절하겠다.

  다음으로 옥수수 막걸리를 마셔 보았다. 탄산이 살짝 돌면서 산뜻한 맛과 함께 은은한 옥수수 향이 입속을 맴돌았다. 색깔 또한 옅은 크림색이었고, 농도 또한 진하지 않았다. 나는 쌀 막걸리보다도 단연 옥수수 막걸리가 훨씬 좋았다. 다른 선생들 또한 옥수수 막걸리가 더 좋다고 평가했다. 이왕 옥수수 막걸리의 맛을 알게 된 김에 나는 옥수수로 만든 온면에 도전해 보기로 했다.

냉면이 아니라 온면?

옥수수 온면

옥수수 막걸리를 맛본 뒤 옥수수에 대한 관심이 한층 더 깊어졌다. 일전에 우리나라에서 먹은 옥수수로 말하자면, 일본 옥수수에 비해 단맛이 적어서 솔직히 맛있다고 할 수는 없었다. 그런데 옥수수 막걸리는 옥수수의 향과 색을 우려내고 옥수수 본연의 특색을 살려 나무랄 데 없는 맛을 냈다.

일본산 옥수수는 알다시피 단맛이 매우 강하고 생으로도 먹을 수 있는 품종이 대량 출시되고 있다. 가공 과정에서 '단맛'에 집중해 품종 개량을 몇 번이나 거듭해서 옥수수 본래의 조잡한 맛을 없앴다. 당연히 자연의 맛도 사라졌다. 참으로 안타깝다. 맛을 추구하는 인간의 본능은 어쩔 수 없다지만, 옥수수가 이래도 될까 싶을 정도로 변형된 맛(특히 단맛)의 추구는 멈출 줄을 모른다.

온면. 면 속에 스며든 옥수수 향이 옅은 다시마 국물과 조화를 이루며 서로의 맛을 북돋는다. 평양려관 뒤에 있는 음식점에서 사진을 못찍어 아쉬워 〈조선신보〉에서 제공한 사진으로 대신한다.

어느 날 오전, 강습 준비를 위해 가이드와 함께 외출했다. 사전 협의를 하고 준비물을 챙기는 등 바쁘게 돌아다니느라 점심 먹는 것도 잊었다. 점심시간을 넘겨서야 겨우 강습 준비를 마친 터라 식당은 이미 문을 닫았다. 지친 몸을 어떻게 충전할지 막막했다. 그때 가이드가 "호텔 뒤편에 맛있는 옥수수 면 요리점이 있는데 가 보겠소?"라며 나를 이끌었다.

우리나라에서는 재일 동포가 자유롭게 가게를 이곳저곳 드나들 수 없다. 반드시 가이드와 함께해야 한다. 따라서 가이드는 해외 동포에게 잘 알려진 곳을 안내하기 마련이다. 그런데 밥때를 놓쳐 마땅한 곳을 찾지 못했고, 내가 음식 기행에 관한 글을 쓴다는 사실을 알고 있어서 해외 동포는 흔히 갈 수 없는 식당으로 나를 데려간 것이다. 평양 려관 바로 뒤에 있는 이 음식점은 관광객이 드나드는 곳이 아니라서 외관이 깔끔하거나 화려하지 않았다. 그렇지만 현지 사람들이 자주 이용하는 소위 '맛집'인 듯했다. 가게는 가장 바쁜 점심시간대가 지났는데도 사람들로 만석이었다. 가게 안쪽에 네 명이 앉을 수 있는 테이블이 간신히 비었다.

서둘러 자리에 앉아 메뉴판을 보니 면 요리 이외에도 다양한 요리가 있었다. '백반 집'이라고 해야 할까? 나물 반찬과 김치, 불고기, 오리고기, 닭고기, 소고기, 돼지고기, 낙지 등 없는 것이 없었다. 육개장, 미역국, 남새국(배추국), 명태매운탕, 비빔밥, 김치볶음밥, 냉면 등 이것저것 다 파는 가게였다. 우리는 옥수수 면 요리는 물론 다른 요리도 주문했다. 먼저 주문한 오리고기철판구이와 배추김치, 도라지나물이 나왔다. 우리가 이 요리들에 대해 열띠게 이야기를 나누고 있을 때 점원이 옥수수 온면을 들고 왔다.

"냉면이 아니라 온면?"

온면이라니 나는 귀를 의심했다. 옥수수 냉면을 기대했건만, 나온 것은 온면이었다. 나는 깜짝 놀랐다.

"어? 온면이라고 말하지 않았습니까?"

놀라는 내 모습에 가이드가 배시시 웃는다.

우리나라의 '국수'라고 하면 당연히 냉면이라고 생각했기 때문에, 온면이 나온다는 말을 들었을 때 놀라지 않을 수 없었다. 게다가 온면을 담은 그릇이 옻그릇처럼 큰 사발인 것도 의외였다.

"우리나라에서 이런 큰 그릇을 쓰네요!"

감탄 섞인 말을 내뱉었더니, 가이드 또한 놀라는 눈치다.

"나도 이렇게 큰 그릇은 처음 봅니다."

과연 이렇게 큰 그릇은 보기 드문 것 같다.

맛을 품평하자면, 면 속에 스며든 옥수수 향이 옅은 다시마 국물과 조화를 이루며 서로의 맛을 북돋는다. 그리고 면 위에 올려놓은 매콤한 오이무침이 음식에 포인트를

줘서 전체적으로 싱거울 수도 있는 온면 맛을 잡아 준다. 면은 도톰하고 평평해서 국물과 함께 후루룩 먹기에 딱 좋다.

흔히 옥수수는 단맛 때문에 먹는다고 한다. 하지만 본래의 향과 색을 우려내는 쪽으로 가공하는 것이 '옥수수다움'을 제대로 살리는 좋은 방법이 아닐지, 온면을 먹으면서 생각했다.

아깝잖소!

풋콩

최근 우리나라를 방문해서 지방에 가면 견학 일정에 농장 체험이 거의 빠지지 않는다. 우리나라에서 농장 견학은 우리에게 아주 소중한 기회다. 우리 땅에서 곡물류와 채소류가 얼마나 수확되는지를 알 수 있고, 또 농장에서 일하는 청년들과 직접 이야기를 나눌 수도 있기 때문이다.

2008년 가을, 나는 학생들을 데리고 순안협동농장을 방문했다. 순안(順安)은 평양의 북쪽 인근에 위치한 곳으로 순안국제공항이 있다. 순안협동농장은 순안국제공항에서 그리 멀지 않은 곳에 있는 드넓은 농장이다. 자립 경제를 목표로 삼는 우리나라는 농업 분야에서도 다른 나라의 내정 간섭이나 자연재해를 극복하고 생산량을 늘려 왔다. 농장의 관리위원장과 청년들은 인민의 식생활을 스스로 책임진다는 자부심에 차 있었다. 모두 환하게 웃는 얼굴로 우리를 반겼다.

순안협동농장에서 우리는 농장 사람들과 재배 작물에 대해 이야기를 나누었다. 주로 쌀농사를 짓고, 논두렁에서 콩을 키운다고 했다. 마침 추수철이 코앞이라 넓은 논에는 벼 이삭이 누렇게 익어 고개를 숙이고 있었다. 마치 빼곡히 들어찬 낟알들이 우리를 향해 고개 숙여 환영의 인사를 하는 것만 같았다.

그리고 논두렁에는 엄청나게 많은 풋콩이 자라고 있었다.

"와, 풋콩이다! 간만에 풋콩이나 먹어 볼까?"

누군가 환성을 지르면서 말했다. 그러자 농장 사람들이 이렇게 되물었다.

"아깝잖소! 왜 그리 서둘러 먹으려 합니까? 설익은 것을 왜 먹으려 합니까?"

"소금물에 삶은 풋콩은 맥주 안주로 최곱니다!"

내가 대꾸했다. 속으로는 풋콩의 다른 요리법을 물어 오면 뭐라고 대답할까 궁리했지만, 콩떡밖에 떠오르지 않았다. 풋콩을 부재료로 쓰는 샐러드나 튀김어묵은 생각났지만, 풋콩을 주재료로 하는 요리는 선뜻 떠오르지 않았다. 농장을 안내하는 청년은 도무지 이해할 수 없다는 표정을 지으며 대화의 주제를 다른 방향으로 돌렸다.

풋콩을 수확하면 콩의 수확량이 그만큼 줄어들기 마련이다. 풋콩보다는 콩으로 가공해 만들 수 있는 식품이 훨

(위) 논두렁에는 엄청나게 많은 풋콩이 자라고 있었다.

(아래) 최근 우리나라를 방문해서 지방에 가면 견학 일정에 농장 체험이 빠지지 않는다(순안협동농장).

썬 많기 때문에, 풋콩을 먹는 것이 사치라면 사치일 수 있겠다는 생각이 들었다.

풋콩은 설익은 콩으로, 7월 중순에서 하순에 수확한다. 두부와 메주를 비롯해서 다양한 식품을 콩으로 만들 수 있다. 그래서 예로부터 콩은 사람들의 식생활에서 귀중한 음식 재료로 쓰였다. 물론 '풋콩과 맥주'의 조합은 영양학적으로 매우 탁월하다(과음은 독이지만). 풋콩뿐만 아니라 맥주에 들어 있는 맥아에는 레시틴((Lecithin)이 들어 있어서, 같이 먹으면 많은 레시틴을 흡수할 수 있다. 레시틴은 체내에서 아세틸콜린(acetylcholine)으로 바뀌어서 기억력과 학습 능력을 향상시킨다. 땅콩과 쌀에도 레시틴이 많이 들어 있다.

여하간 우리는 그때 차마 풋콩을 먹을 수 없었고, 3년 뒤 2011년에 방문했을 때 비로소 풋콩을 먹어 보고 싶다고 가이드에게 말했다. 그랬더니 단번에 시장에 가서 풋콩을 한 아름 사 오는 것이 아닌가! 학생들은 바로 소금물에 끓여 먹자고 아우성을 쳤다. 양이 많아 손질을 하려고 학생들과 함께 머무는 평양호텔 조리실로 들고 가서 소금물에 데쳤다. 이 모습을 지켜보던 조리실 직원 역시 이해할 수 없다는 표정을 지었다.

조금 딱딱하고 짠맛이 덜했지만, 학생들은 즐거워하며 조선산 풋콩을 맛있게 먹었다. 학생들의 만족해 하는 표정이 지금도 눈에 선하다.

콩의 원산지는 조선

콩 요리

콩이 조선 민족에게 없어서는 안 될 식재료인 까닭은 원산지를 보면 알 수 있다. 웹사이트 〈평양소식〉*에는 '콩의 원산지는 조선'이라는 내용이 담긴 영상이 걸려 있다. 영상에서 박철 연구사(사회과학원** 역사연구소)는 고고학의 발굴 자료에 근거해서 선사 시대 말기의 평양시 남경 유적과 표대 유적에서 콩이 발굴되었으며, 이 유물들의 연대는 기원전 3000년경의 고조선 시대까지 거슬러 올라간다

* 조총련에서 운영하는 웹사이트(pyongyang.news-site.net)로서, 북한 매체에서 송출하는 TV 프로그램을 비롯해 민족 문화에 관한 영상 및 각종 소개 글이 있다.
** 사회과학원은 1964년 설립한 북한 과학원 산하의 최고 연구 기관이다. 철학, 역사학, 경제학, 정치학 등의 인문학 및 사회과학 전반을 종합적으로 지도하는 역할을 맡고 있다.

고 설명한다. 구소련의 어느 유전학자는 통설에 따라 콩의 원산지를 옛 고구려 땅(현재 중국 동북부 지역)이라고 말한다. 이 통설은 지금까지도 가장 일반적인 견해로 알려져 있다(이성우,《한국 식생활의 역사》, 수학사, 1993년).

한편 중국에서는 콩이 주나라 시대(기원전 1046~256년)의 《시경(詩經)》에 처음 등장하고, 일본에서는 야요이(弥生) 시대(기원전 약 300년~기원후 250년)의 것으로 추정하는 탄화콩을 발견했다. 그러니까 박철 연구사는 평양 인근의 선사시대 유적지에서 콩이 발굴된 사실에 근거해서 중국이나 일본보다 훨씬 앞서고, 콩의 원산지는 '옛 고구려 땅'보다 이른 시기의 평양 인근이라고 주장하는 것이다.

선사 시대 유적지에서는 콩 이외에도 당시의 것으로 추정하는 벼, 보리, 조, 기장 등이 나왔다. 그리고 기원전 3000년경 고조선(단군조선)에서는 청동기를 사용했다. 두 사실에 근거할 때 우리나라는 진작부터 고도의 농경 기술을 가지고 있었다고 볼 수 있다. 게다가 콩의 다양한 가공법과 요리에서 '콩의 원산지는 조선'이라는 주장을 뒷받침할 단서를 얼마든지 찾을 수 있다.

재일 동포이자 음식 문화 연구자인 정대성(鄭大聲, 1933~)이 쓴 《조선식물지》(1979)에 따르면, 콩을 원재료로 해서 만든 된장이나 간장은 보통 중국에서 전래한 것으로 알려져 있지만 원형은 조선에서 왔다. 그는 우리나라의 다양

(위) "조선 민족의 발명 식품", 콩나물.

(아래) 조선 민족은 약 1500년 이전부터 평양 중부 지방을 중심으로 토장국을 먹어 왔다.

한 콩 요리를 콩의 원산지가 조선이기에 생길 수밖에 없는 "민족의 지혜"라고 말한다.

그중에서도 콩나물은 땅에 심지 않고도 실내에서 길러 비타민C를 섭취할 수 있으며, 온도와 물을 이용해 수확 시기를 어느 정도 조절할 수 있다. 정대성은 콩나물을 "조선 민족의 발명 식품"이라고 추켜세운다. 또한 지금으로부터 약 1500년 이전부터 평양 중부 지방을 중심으로 토장국을 먹어 왔고, 지금도 계절과 지역에 따라 각기 다른 식재료를 넣어 다양하게 요리하고 있다(〈평양소식〉 '조선료리강좌' 참조).

나아가 우리 조상은 오랜 세월 콩을 재배하면서 콩과 관련한 많은 속담과 격언을 만들었다. "콩 심은 데 콩 나고 팥 심은 데 팥 난다"(어떤 일에는 반드시 그에 따른 결과가 있다는 뜻)가 대표적이다. 그 수를 세어 보면 백 수십 개에 이른다. 중국의 수십 개보다도 훨씬 많다. 콩은 조선 민족의 식생활을 지탱하는 식재료라고 할 수 있다.

평양에 사는 언니 집에 가서 언니에게 소금물에 데친 풋콩을 호텔에서 먹었다고 이야기했다.

"풋콩은 없지만 순두부라면 만들 수 있어. 먹을래?"

언니는 시장에서 콩을 사다가 하룻밤 물에 불린 뒤 다음 날 믹서로 곱게 갈아 15분 정도 끓였다. 이것을 면포에 거르니 콩물이 나왔고, 면포에는 콩비지가 남았다. 이 콩물에

평양 선교구역에 사는 언니(오른쪽). 언니는 1973년 3월에 우리나라
로 귀국했다.

간수를 넣고 잘 저으면 응고하는데, 이걸 적당히 으깨 순두부를 만든다. 간장만으로 맛을 낸 맑은 순두부국은 콩 특유의 향과 국물 맛이 일품이다. 언니는 응고한 상태 그대로 그릇에 옮겨 담고 간장 양념장을 끼얹어 맛을 냈는데, 이 또한 담백한 맛이 일품이었다. 평양에서 먹은 순두부의 깊은 맛은 무엇으로도 대체할 수 없다.

일본에서는 보통 연두부라고 해서, 콩물이 들어 있는 두부를 팩으로 포장해서 판다. 나는 이걸 사다가 순두부찌개를 곧잘 끓여 먹는다. 물론 한국의 요리법을 참조한다. 그러니까 나는 북조선에서 한민족의 두부 맛을 느끼고, 일본의 두부를 사다가 한국의 요리법으로 요리해 먹는다. 내 두부 요리 하나에도 재일 동포의 역사가 담겨 있다.

미식가의 행복
간장

평양의 선교(船橋)구역에 있는 평양기초식품공장을 방문했다. 선교는 평양을 가로질러 흐르는 대동강의 동남쪽 지역을 이른다. 이곳에는 강철, 고무, 방적, 제약, 식품 등의 제조 공장이 있다. 또한 김철주사범대학, 평양공업대학, 한덕수평양경공업대학 등의 교육 기관, 기상수문기계연구소, 방직연구소, 약학연구소, 일용품연구소, 피복연구소 등의 연구 시설이 포진해 있다. 내 언니 또한 선교구역에 살고 있어서, 나는 이 구역이 낯설지 않다. 이곳의 식품 공장에서는 이름 그대로 요리에 필요한 기초적인 식품, 이를테면 된장, 간장을 비롯한 장류와 식용유를 가공, 생산한다.

공장 안은 모두 컴퓨터가 자동제어하고, 생산 공정이나 경영, 위생도 철저하게 관리된다. 2011년부터 우리나라는 과학기술을 활용해서 국방공업은 물론이거니와 경공업과 농업에도 힘을 쏟고 있다. 평양기초식품공장도 그러한 노력의 일환으로 전국의 국내산 콩을 집하, 가공해서 생활에 없어서는 안 될 기초 식품을 질과 양 모두에서 부족함 없이 해결하려고 한다.

공장 부지는 약 102,000평방미터이다. 부지 안에는 공장 건물 이외에도 직원들의 여가 생활에 필요한 휴식장, 문화 시설, 탁아소 등이 있다. 공장의 모든 직원이 안심하고 일할 수 있도록 세심하게 배려하고 있다. 관내에는 피나무, 황철나무, 느티나무, 음나무, 돌배나무, 들메나무가 있어서 보는 것만으로도 자연이 주는 편안함을 느낄 수 있다. 게다가 옥외에 있는 탁자의 상판을 장기판으로 만들어 놓아서 언제라도 조선 장기를 즐길 수 있다. 나뭇잎 사이로 비치는 햇빛 아래에서 조선 장기를 두는 모습은 상상만으로도 운치가 있다.

전 세계적으로 콩은 여러 형태로 가공되어 폭넓게 이용되고 있다. 특히 조선과 일본을 비롯해서 아시아 사람들의 식생활에서 결코 빠질 수 없는 식재료다. 대표적인 가공식품 가운데 하나가 간장이다. 콩에서 레시틴이나 비타민E 등을 추출해 영양보조제로도 만든다. 그리고 콩기름은 혈중 알코올을 녹이는 필수지방산(리놀산)이 풍부하다. 콩기름에 들어 있는 레시틴을 유화제로 만들어 가공식품이나 의약품에 쓴다. 레시틴은 세포막의 주성분이며, 주로 면역

(위) 평양기초식품공장에서는 옥외에 있는 탁자의 상판을 장기판으로 만들어 놓아서 언제라도 조선 장기를 즐길 수 있다.

(아래) 평양기초식품공장에서는 콩을 원료로 해서 간장, 된장, 고추장을 생산하고 있다. 특히 간장 종류가 매우 다양하다.

력 강화, 동맥경화 예방, 뇌 활성화, 노화 방지, 학습 능력 향상에 효과가 있다. 건강을 지키기 위해서 없어서는 안 될 영양소다. 비타민E 또한 노화 방지와 불임 방지 효과가 있다.

평양기초식품공장에서는 콩을 원료로 해서 간장, 된장, 고추장을 생산하고 있다. 특히 간장 종류가 매우 다양하다. 공장 한편에는 언제든지 시식할 수 있도록 고급간장, 생강간장, 마늘간장, 초간장, 단간장, 닭고기전용간장 샘플을 전시하고 있다. 하나하나 맛을 보면서 미묘한 맛의 특징을 느낄 수 있다. 전반적으로 담백하다. 그중에서도 고급간장이 일본 간장의 깔끔한 맛과 가장 비슷하다. 여러 간장 맛을 보자 나도 모르게 즐거워졌다. 미식가의 행복은 멀리 있지 않다.

날것입니까?

깻잎절임

깻잎은 조선 사람이라면 모르는 사람이 없을 정도로 즐겨 먹는 식재료다. 구운 고기와 함께 여러 가지 음식을 쌈으로 싸서 먹거나 된장, 간장에 절여 먹는다. 감자탕에 채 썰어서 넣어 먹기도 한다.

예전에는 깻잎보다도 깨에서 나오는 기름으로 등유나 염료를 만들었다. 그러나 지금은 깨 기름이 몸에 좋다고 알려지면서 주로 식용유로 이용하고 있다. 참기름과 들기름의 주성분은 필수지방산인 알파-리놀렌산이다. 암을 억제하거나 학습 능력을 높여 인지증이나 노화를 방지하고, 중성지방과 콜레스테롤을 낮춰 혈당치 상승을 억제하는 효과가 있다. 또 당뇨병 예방에도 탁월하다고 알려져 있다. 이른바 노화를 방지하는 건강식품을 대표한다고 할 수 있다.

2013년 여름에 나는 평양을 방문했다. 깻잎이 많이 나는 철이다. 우리나라에서 깻잎은 널리 쓰이는 식재료이기 때문에, 깻잎을 본다고 해서 산삼을 발견했을 때처럼 환성을 지르지는 않는다. "먹고 싶은 만큼 실컷 드세요"라고 할 정도로 깻잎 반찬은 흔한다.

우리나라 방문 때마다 조선대 학생들과 내가 묵는 곳은 평양호텔이다. 평양호텔은 평양시의 중심부인 중구역 오탄동에 위치하면서 대동강 기슭의 평양대극장을 바라보고 있다. 식당과 상점을 비롯해 다양한 서비스 시설이 잘 갖춰져 있다. 그중에서도 각국의 요리를 제공하는 아리랑식당이 유명하다. 이 식당은 재일 동포가 운영하고 있다. 또 최근에는 6층과 7층을 증축해 평양의 시가지를 내려다볼 수 있는 불고기 식당, 커피점 등이 새로 들어섰다. 평양호텔은 조선대 학생들뿐만 아니라 재일 동포들이 가장 많이 이용하는 숙박 시설이다.

이 호텔에서 어느 날 식사를 하는데 반찬으로 된장에 절인 깻잎이 나왔다.

"우와~!"

학생들은 탄성을 지르며 순식간에 먹어 치웠다. 가이드에게 이 일을 말했더니, 다음날 비닐봉지에 깻잎 200장을 담아서 내게 주었다.

"날것입니까? 된장에 절이지 않고요?"

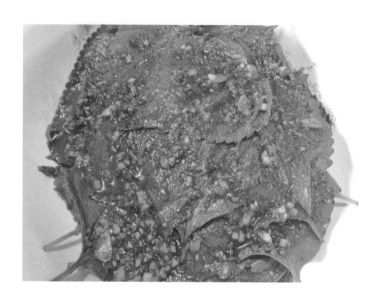

당당한 밑반찬으로 군림하는 깻잎절임.

당연히 된장에 절인 깻잎을 사다 주리라 기대했건만 그냥 깻잎이어서 나는 적잖이 당황했다. 그렇지만 일전에 평양기초식품공장에서 한 아름 받아 온 간장 샘플이 생각나서, 그것으로 깻잎절임을 만들기로 했다. 그 밖에 필요한 조미료와 양념은 호텔에서 얻기로 하고.

우선은 깻잎을 한 장 한 장 흐르는 물에 씻은 다음 물기를 뺐다. 그리고 양념을 만들었다. 고춧가루, 파, 마늘, 설탕, 깨. 간장은 샘플로 받은 단간장과 마늘간장을 쓰기로 했다. 깻잎에 한 장씩 양념을 묻혀서 반찬통에 담았다. 다음 날 먹을 만치 익어서 학생들에게 밑반찬으로 나눠 주었다. 사흘 만에 다 먹어 치웠다. 이 일을 가이드에게 말했더니, 또다시 400장을 사다 주었다. 이번에는 마침 우리와 같은 시기에 연수를 받으러 온 다른 학생들에게 마찬가지로 양념해서 나눠 주었다.

조선대 학생들은 각 학과·학부별로 우리나라를 방문하는데, 평양 시내를 돌아보고 주요 관광지를 참관한다. 금강산, 백두산, 묘향산, 개성, 판문점, 함흥, 최근에는 원산 갈마지구까지 참관한다. 그 밖에는 전공에 따라 다양한 일정을 진행한다. 우리말 습득을 위한 강의나 우리나라의 정치 사회 및 경제 해설 강의, 전공 지식과 기술 습득을 위한 강의가 있다. 사범대 학생들은 각급 학교로 교생실습을 나가기도 한다. 나는 조선대 생활과학과 교수로서 2년제 단기

우리는 6·9룡복기술고급중학교 학생들과 함께 평양민속공원을 산
책하고 대성산 유원지에서 점심을 먹었다.

학부 학생들을 데리고 단기연수를 소화해 왔다. 연수 기간은 약 한 달 정도다. 최대 3개월 동안 연수를 진행하는 다른 학부, 학과에 비해 짧은 편이다. 여하간 평양호텔에 단기연수차 머무는 조선대의 다른 학과, 학부 학생들도 내가 해 준 깻잎절임을 게눈 감추듯 먹어 치웠다. 참으로 뿌듯했다.

연수가 거의 끝나 갈 무렵 우리는 6·9룡복기술고급중학교 학생들과 함께 평양민속공원*을 산책하고 대성산 유원지에서 점심을 먹었다. 6·9룡복기술고급중학교는 평양시 대성구역에 있으며, 흔히 6·9중학교라고 줄여 부른다. 김일성 주석이 '현지 지도'를 나온 6월 9일을 그대로 학교 이름으로 가져왔다고 한다. 6·9중학교 학생들은 집에서 도시락을 가지고 왔고, 우리는 호텔에서 준비한 도시락을 들고 왔다. 학생들이 싸 온 도시락을 들여다보니 김밥이 가장 많았다. 도시락 가운데 특히 고추장에 절인 깻잎으로 둥글게 만 주먹밥이 눈에 띄었다. 맛있을 것 같아서 학생에게 주먹밥 하나를 받았다.

한 입 먹는 순간 머리에 전류가 흐르는 듯했다.

'완패다! 내가 졌다!'

• 고대부터 현대까지 각 시대의 생활문화를 재현하고 있는 북한의 가장 큰 민속박물관이다. 한국의 '민속촌'과 같은 위상을 갖는다.

내가 만든 깻잎절임은 발끝에도 미치지 못했다. 우리나라 메주로 만든 고추장 본연의 맛과 간마늘을 듬뿍 바른 깻잎의 향이 어우러져 특유의 고소함을 뿜냈다. 일본 된장에서는 맛볼 수 없을 뿐더러 간장으로는 도저히 낼 수 없는 그런 맛이었다. 그제서야 나는 깻잎절임이 오랜 세월 한민족의 밑반찬으로 '군림'해 온 이유를 알 수 있었다.

깻잎절임은 당당한 밑반찬으로 지금도 조선의 밥상에 오르고 있다. 역시 본고장의 맛은 일상의 '흔한 맛'에 있다.

조국에서 조리 실습

서재각

일본 도쿄에 자리한 조선대 단기학부 생활과학과에서는 2012년부터 단기연수 기간에 조선료리협회에서 강사를 초빙해 요리 실습을 하고 있다. 조선료리협회는 1988년에 호위국˙ 산하에 설치되어 외국 국빈을 위한 요리를 담당해 왔는데, 2008년부터 김정일 총서기의 지도 아래 조선 요리를 전국에 보급하는 활동을 진두지휘하고 있다. 즉 조선 요리의 발전과 전국적 보급, 나아가 전 세계로 그 우수함을 전파하기 위해 조직한 단체다. 강습회와 요리 품평회, 요리 대회, 요리 축전을 정기적으로 개최하며, 요리 관련 국제 협회에도 참가하고 있다.

• 북한 최고 지도자의 신변 안전을 책임지는 경호 조직이다. 한국의 청와대 경호처에 해당한다.

조선료리협회에는 요리 실습실, 전문 식당, 숙소 등을 갖춘 '서재
각'이 있다.

조선료리협회에는 요리 실습실, 전문 식당, 숙소 등을 갖춘 '서재각'이 있다. 보통강구역에 있다. 보통강(普通江)은 평안남도 평원군의 강룡산(降龍山)에서 발원해 대동강으로 흘러 들어간다. 보통강구역은 평양 중심부의 서남쪽에 있다. 서재각 건물은 겉으로 보기에는 평범하고 마치 주민센터 같은 외관을 하고 있어서 눈에 잘 띄지 않는다. '서재각'이라고 쓴 흰색 간판이 걸려 있는데, 이를 보지 못하면 지나치기 십상이다.

서재각 입구에서 경사진 언덕을 오르면 눈앞에 세 동의 건물이 나타난다. 왼쪽 건물은 일반 식당이다. 이곳은 오로지 약혼식과 결혼식을 위해서만 사용하는 듯하다. 이번 요리 실습 기간에 약혼식이 딱 한 번 열렸는데, 예쁘게 단장한 남녀와 일가친척이 모여 조촐하게 연회를 여는 모습을 볼 수 있었다. 여자는 연분홍 치마저고리를 입고 고운 화장을 했으며, 머리에는 꽃 장식을 달았다. 남자는 위아래 검은 양복을 입고 있었다. 또 서재각에서는 일반 가정 요리, 조선 민족 요리 등 다양한 요리법을 촬영해 DVD로 판매하기도 한다. 가운데 건물에는 실습실과 식재료를 보관하는 창고가 있다. 오른쪽 건물은 외국인 손님을 맞이하기 위한 곳으로 숙박소와 식당이 있다.

서재각의 가운데 건물에 들어서면 일반가정전습실, 지방음식전습실이라는 팻말이 붙은 실습실이 있다. 우리 학

미소를 지으며 자기소개를 하는 요리사들.

생들은 일반가정전습실에서 요리 실습을 받았다. 이번에 실습한 요리는 모두 12가지. 평양 4대 요리(평양냉면, 대동강 숭엇국, 녹두지짐, 온반)를 비롯해서 명태, 두릅, 감자, 송이버섯, 도라지, 깻잎 등 우리나라에서 즐겨 먹는 식재료를 주재료로 사용한 요리였다. 강사는 옥류식당 요리사인 리춘영 선생. 옥류식당은 평양에서 가장 유명한 식당으로, 지방 사람들이 평양을 다녀갈 때 빠지지 않고 들르는 곳이라고 한다. 리춘영 선생의 주특기는 지짐처럼 철판에서 굽는 요리다. 실습은 우리말로 진행했다.

최근 우리나라에서는 가이드를 비롯해서 재일 동포와 접촉하는 사람들이 일부러 말하는 속도를 늦춘다. 하지만 리춘영 선생은 재일 동포를 처음 만나는지라 평소 쓰는 평양말 그대로 강습했다. 나조차도 간신히 70~80% 알아들을 정도였다. 학생들은 고작해야 30~40% 정도 알아들었을 것이다. 학생들은 평소 지식을 총동원해서 선생의 몸짓이나 손짓 하나하나를 살펴야 했다. 조선대 학생들은 우리말을 할 수 있지만, 현지인처럼 듣고 말하는 데에는 한계가 있다.

알다시피 조선대는 재일 동포 자녀들이 원하면 국적이 일본이든 한국이든 '조선적'*이든 입학할 수 있다. 주로 '우

---

* 1945년 8월 해방 이후 일본에 잔류한 조선인 수는 약 60만 명에 이르렀다. 이들은 GHQ에 의한 7년여의 군정기가 끝나고 일본

리학교' 출신의 조선대 학생들은 어려서부터 우리말을 익히고 우리나라의 역사를 배운다. 조선대는 우리학교 교사를 양성하는 한편, 재일 동포 사회를 이끌 차세대를 육성하고 있다. 한때 학생 정원이 1,500명을 넘을 정도로 융성했지만 지금은 500명 남짓으로 많이 줄었다. 그렇지만 여전히 일본 사회에서 '조선 사람'으로 떳떳하게 살고자 하는 희망을 품고 조선대에 입학하는 학생들이 있다. 다만 조선대 학생들은 우리말이 서툴다.

이것은 단순히 "우리말을 제대로 배우지 않았잖아. 잘

의 주권이 회복되는 1952년 4월 28일을 기해 샌프란시스코강화조약에 따라 재일외국인으로 편입된다. 그리고 1965년 6월 22일 한일협정이 체결되고 한일 간의 외교가 정상화되면서 한국 이외에는 국적을 인정하지 않는 일본 정부의 방침에 따라 이들의 국적은 한국과 무국적(일명 '조선적')으로 갈리게 된다. 1960년대까지 재일조선인 중 한국 국적을 취득한 사람은 소수에 불과했다. 이유는 당시 재일 동포 대다수는 생계 기반을 일본에 두고 있어 당장은 귀국할 수 없다 해도 남북이 통일되면 조국으로 돌아가겠다는 일념으로 "반쪽짜리 조국"의 국적을 취득하지 않으려 했기 때문이다. 그런데 1988년 서울올림픽 개최와 1998년 북한의 미사일 발사로 일본 내 대북 인식이 악화되면서 한국 국적을 취득하는 재일 동포 수가 급증했다. 그리하여 조선적을 유지하는 재일 동포는 2016년 현재 32,461명에 불과하다. 전체적으로 1세대는 5% 미만으로 추산되며, 2세대(41%)와 3세대(45%)가 그 대부분을 차지한다.

못해"라는 말로 넘길 수 없는 복잡한 문제를 안고 있다. 재일 동포 1세와 2세는 모국어인 우리말을 어려서부터 자연스럽게 익혔다. 오히려 그들은 일본어 습득에 어려움을 겪었다. 일본어 발음이나 억양이 부자연스러운 재일 동포 1세들도 많다. 반면 3세 이후로는 일본에서 태어나 일본어를 먼저 배운다. 우리학교를 다니면서 우리말을 배운다 하더라도, 일상에서는 일본어를 쓰는 이중 언어생활을 한다. 일본 사회에 살고 있으므로 2개 국어를 정확하게 구사하기란 쉽지 않다. 그렇지만 우리말 습득은 재일조선인으로서 자기 정체성을 확고히 하는 계기를 마련해 주기 때문에 반드시 필요하다.

하지만 3세대 이후 부모들은 점점 이런 생각을 많이 한다. '앞으로 쭉 일본에서 살아야 하므로 우리학교에 가는 것보다 일본 학교에 가는 것이 유리하다. 우리학교는 수업료도 비싸고 취직의 폭도 좁다. 조선인에 대한 일본 사회의 차별 또한 여전하기 때문에 일본인으로 살아가는 게 편하지 않을까?'

일본 사회에는 아직도 조선인, 한국인에 대한 차별이 뿌리 깊이 남아 있다. 이런 상황에서 특히 젊은 세대는 우리말을 일상적으로 사용하기를 주저하고 무의식적으로 거부할 수 있다. 조선대에서 단기연수라는 명목으로 1개월에서 3개월까지 우리나라를 다녀오는 까닭은 무엇보다 우리말과 한민족의 문화를 직접 체험함으로써 자신이 누구인지에 대한 답을 얻고 자부심을 가지고 살아가기 위해서이다. 물론 각 학과·학부별로 세부 전공에 따라 별도의 실습을 진행하지만, 연수의 기본 목적은 위와 같다.

그래서 우리말을 잘 못 알아듣고 우리말이 서툴다 해도 조선대 학생들은 단기연수에 그 무엇보다 성실히 임한다. 내가 인솔한 학생들도 실습을 시작하기 전부터 기구 사용법과 주의 사항을 귀담아들었다. 우리가 사용할 조리 기구는 실습에 전혀 부족함이 없을 만큼 종류와 양이 잘 갖춰져 있었다. 특히 강사가 사용하는 식칼은 중국제인데, 날을 갈아 놓아서 잘 들었다. 선생은 손 씻기와, 기구와 식기의 위생 관리에 대해서도 철저히 주지시켰다. 이제 본격적으로 서재각에서 실습한 대표적인 요리를 소개하겠다.

세 손가락의 마법
명태양념찜, 청포묵, 두릅나물

요리 실습 첫째 날에는 명태양념찜, 청포묵, 두릅나물을 배우기로 했다. 명태는 알다시피 동해에서 잘 잡히는 조선의 대표적인 생선으로서 북어로 말려서 술안주로 자주 먹는다.

먼저 리춘영 선생이 생태의 내장을 깨끗이 바르고 칼집을 다섯 군데 비스듬히 냈다. 그 안에 소금과 후추를 쳤다. 그러고 나서 잘게 썬 마늘과 파를 집어넣었다. 이 양념의 양을 적당히 조절하는 것이 맛 결정에 중요하다고 선생은 설명한다. 학생들은 태어나서 처음으로 생태를 구경하고 만져 보았다. 조심스레 관찰하면서 익숙하지 않은 손으로 생선에 칼집을 넣었다. 다음으로 명태에 얹을 양념을 만들었다. 선생은 잘게 썬 파, 마늘과 간장, 고추장, 참기름, 후추 등을 적당히 섞었다.

실습 시간에 제한이 있어서 그런지 선생은 재빠르게 양

조선대 학생들이 서재각에서 나물 요리에 도전하고 있다.

(위) 명태양념찜 완성!

(아래) 간단히 만들 수 있는 두릅나물.

넘을 만들었다. 그래서 각각의 정확한 분량을 알기 어려웠다.

"지금 넣는 조미료 분량은 어느 정도죠?"

궁금해서 물어도 돌아오는 답은 없고 실습은 그대로 계속되었다. 그렇지만 가만히 있을 수 없었다. 내가 다시 물었더니 선생은 방긋 웃는 얼굴로 엄지, 검지, 중지를 자유자재로 사용해서 조미료를 적당히 집으면서 대답했다.

"이 정도입니다. 분량 조절은 중요합니다."

나도 집에서 요리할 때는 양념의 간을 적당히 맞춘다. 하지만 처음 배우는 학생들에게는 가능하면 숫자로 표시해 주는 것이 좋다고 생각해서 집요하게 질문한 것이다. 또다시 물으니 나중에 요리법을 상세하게 알려 주겠다고 해서 비로소 안심할 수 있었다.

다 만든 양념을 명태에 바르기 시작했다.

"양념을 바를 때 양 조절이 아주 중요합니다."

이번에도 선생은 양 조절을 강조했다. 그러나 학생들은 아니나 다를까, 양념의 양도 바르는 방법도 제각각이었다. 나중에 학생들의 요리를 맛보니 '양 조절'이 중요한 까닭을 알겠다.

다음으로 두릅나물을 만들었다. 두릅나물은 산나물의 하나로 일본에서는 주로 튀김 요리로 만들어 먹는다. 하지만 우리나라에서는 나물이 기본이라고 한다. 맛 내는 방법은 간단하다. 두릅 본래의 쓴맛을 우려낸다.

"설탕과 식초를 절대로 사용하면 안 됩니다. 왜냐하면 두릅이 갖고 있는 약효가 사라지기 때문입니다."

선생이 누누이 강조한다. 두릅을 소금물에 살짝 데치고 바로 차가운 물에 담가 잘 헹군 뒤 마늘과 고추장으로 버무린다. 매우 간단하다.

다음으로 청포묵을 만들었다. 녹두에서 묵을 만들기 위해서는 상당한 시간이 필요하다. 선생이 미리 준비한 묵 덕분에 시간을 줄일 수 있었다. 묵 위에 얹을 소고기는 잘게 썰어 소금과 후추로 간을 한다. 오이를 접시 위에 나란히 썰어 놓고 그 위에 묵을 올린 다음 참깨, 김, 실고추를 모양 좋게 뿌린다.

요리가 다 끝난 뒤 마지막으로 각 팀이 만든 음식을 나, 가이드, 운전사가 심사했다. 만든 요리는 선생의 말대로 그릇에 담았기 때문에 겉으로 보아서는 등수를 가릴 수 없었다. 하지만 실제 맛에 미묘한 차이가 느껴졌다. 싱겁거나 진하거나 뭔가 부족하거나. 그렇지만 음식 맛은 제각각 나름의 조화를 이루었다. 결과는 "전원 합격!"

물론 '마법의 세 손가락'을 사용해서 만든 선생의 맛을 넘어서는 요리는 없었다. 과연 숙련된 요리사가 만들어 내는 맛은 '텍스트'가 아닌 '적당량'에 있다는 것을 새삼 깨달았다.

그리움이 가슴에 남는 맛
온반

실습 이틀째는 평양 4대 요리 가운데 녹두지짐과 온반을 만들었다. 온반(溫飯)은 이름 그대로 따뜻한 밥인데, 이 이름은 다음의 우화에서 유래한다. 먼 옛날 누추한 옷을 입은 한 청년이 옥에 갇혔다. 청년의 연인은 추운 감옥에서 외롭게 지내고 있을 청년을 애달프게 생각해서 지짐을 얹은 흰 쌀밥에 따뜻한 국을 부은 음식을 만들었다. 이 음식을 먹은 청년이 "이 맛있는 음식을 대체 뭐라고 부르는가?"라고 물었다. 그러자 여인은 순간적으로 따뜻한 밥이라는 뜻에서 "온반"이라고 대답했다. 그 후 평양 지방의 결혼식에는 사랑하는 젊은 남녀의 이야기가 담긴 온반이 잔치 음식으로 나온다고 한다.

이렇게 아름다운 이야기가 전해지는 온반을 한 번은 먹어 봐야 하지 않나 생각했다. 온반은 만경봉호를 운항했을 때 여행객의 식사 메뉴로 종종 나왔다는 이야기를 들었다. 만경봉호는 1971년부터 2006년까지 원산과 일본 니가타를 오간 화물여객선의 이름이다. 1971년 5월 첫 출항부터 재일 동포들의 귀국사업에 배편으로 쓰였고, 귀국사업이 거의 마무리되는 1984년 이후로는 재일 동포들의 왕래에 쓰였다. 1992년 김일성 주석의 80세 생일을 기념해서 조총련계 상공인들을 중심으로 40억 엔을 모아 만경봉92호를 새로 건조했지만, 2006년 10월 14일부로 일본 정부가 입항을 금지하면서 더 이상 일본에 오지 않는다. 만경봉호의 식사는 우리나라 요리를 기본으로 했다.

평양호텔의 레스토랑에도 온반이 나온다. 그래서 조국에 갈 때마다 즐겨 먹는다. 만경봉호에서 제공한 온반과 지금 우리가 실습에서 만든 온반이 얼마나 다른지 궁금하다. 실제로 학생들은 조선대에서 실습 시간에 이 온반을 만든 일이 있고, 나름대로 맛을 냈다. 그러나 '원조'의 맛을 확인하기 위해서는 본고장에서 직접 경험해 봐야 한다.

우리는 먼저 국을 만들었다. 닭 한 마리를 둥글넓적한 솥에 넣고, 몇 시간이고 푹 고아서 충분히 맛을 우려냈다. 지짐은 녹두를 주재료로 해서 만든 녹두지짐. 실습 시간이 제한되어 있기 때문에 선생은 굽기 직전의 지짐 반죽을 미리 만들어 놓았다. 선생은 이런저런 요리 중에서도 특히 녹두지짐을 아주 잘 만든다고 한다. 말마따나 선생은 지짐

(위) 만경봉호는 1971년부터 2006년까지 원산과 일본 니가타를 오간 화물여객선이다.
(아래) 서재각 요리사들과 조선대 학생들.

의 모양을 잡고 불 조절을 하면서 굽는 솜씨가 보통이 아니었다.

선생은 지짐을 올리기 전에 밥 위에 얇게 저민 돼지 수육을 올렸다. 그 까닭을 물으니, 지짐의 맛이 전체적으로 담백해서 돼지기름과 매우 잘 어울리기 때문이란다. 그 밖에 온반 위에 올리는 피망, 송이버섯, 닭고기는 소금과 후추만으로 간을 했다. 또 지단과 얇게 채 썬 파를 보기 좋게 지짐 위에 고명으로 올렸다.

본격적인 시식에 앞서 만들어 놓은 닭 곰국을 먼저 맛보기로 했다. 한 모금 마시는 순간 모두 말문을 닫았다.

"와, 이렇게 맛있는 국은 처음 먹어 봅니다!"

모두 감탄을 연발했다. 소금, 후추, 간장 등으로 맛을 냈는데, 흠잡을 데 없이 깨끗한 맛에 절로 탄성이 나온 것이다. 기분이 절로 좋아지는 순간이었다.

마지막으로 대망의 시식이다. 역시나 먹기 시작하자 말이 잦아들었다. 과연 말로는 표현하기 어렵고, 한마디, 한 문장으로 표현할 수 없는 여러 맛의 컬래버레이션이 탄생했다. 지금껏 맛본 적 없는 전혀 새로운 맛이 아닐 수 없었다. 그래도 한마디로 표현하자면, "맛있다!"

말하자면 온반은 소박하고, 자기주장을 하지 않으면서도 본연의 맛을 자연스레 드러낸다. 뭔지 모르게 그리움이 가슴에 남는 맛이다. 저 멀리 기억 저편에 잠자고 있는 미

온반. 뭔지 모르게 그리움이 가슴에 남는 맛이다.

각을 깨우는 듯했다. 예로부터 전해 내려온 민족의 맛이 되살아나는 느낌이었다.

'일본으로 돌아가 같은 재료로 온반을 만든다 해서 이와 똑같이 맛을 낼 수 있을까?'

한동안 이 의문이 내 머릿속을 떠나지 않았다.

평양 4대 요리 가운데 가장 귀한
대동강숭엇국

대동강숭엇국은 평양 4대 요리 중 하나로 국빈이나 귀한 손님을 대접할 때 자주 나온다고 한다. 일본에서도 예전에는 아직 오염되지 않은 도쿄만 주변에서 숭어가 잡혔고, 이것을 생선회나 코브지메*, 된장국으로 자주 해 먹었다고 한다. 일본은 한반도 전쟁으로 전쟁 특수를 누렸고, 덕분에 전쟁 직후인 1955년부터 약 20년간 연간 약 10% 이상의 경제성장률을 이어가는 고도성장기를 맞이했다. 이때 급격한 산업화의 영향으로 공장이나 가정에서 오염수를 배출하면서 숭어의 신선도가 떨어져 최근에는 거의 먹지 않

---

* 코브지메(こぶじめ)는 일본 혼슈의 중부 지방에 속하는 도야마현의 향토 요리로서, 생선을 다시마로 감싸 다시마의 염분을 생선에 스며들게 하며 맛을 내는 음식이다.

고 있다. 숭어는 바다의 오염도를 있는 그대로 보여 주는 청정수 물고기다. 그렇지만 지금도 일본에서 숭어의 난소를 염장해 만든 '치자'는 사람들이 자주 찾는 친숙한 식품이다.

한편 우리나라의 숭엇국은 지방이 많은 숭어로 만들어서 맛있다고 알려져 있다. 과연 얼마나 맛있을까, 기대에 부풀었다. 조리 실습에 들어가기에 앞서 나는 시장에서 숭어를 직접 구입하기로 했다. 가이드와 함께 락랑구역 통일거리에 있는 통일거리시장에 들어서니 다양한 식재료가 진열되어 있었다. 보는 것만으로도 즐거웠다.

통일거리시장은 이전에도 여러 번 방문해서 익숙했다. 식료품은 물론이고 일용잡화, 의류 등 생활용품이 골고루 갖추어져 있고, 국내산뿐만 아니라 수입품도 꽤 있다. 처음 개장했을 때는 평양의 대형 시장이 이곳뿐이라 많은 사람들로 북적였다. 그런데 최근 평양의 광복거리 곳곳에 상업 편의 시설이 생겨 많은 사람들이 찾는 모양이다. 평양의 생활이 많이 윤택해진 느낌이다. 그 영향인지 올해는 통일거리시장에 그전처럼 사람들이 많지 않았다.

쇼핑객 중에는 개인 소비자도 있고 식당 주인 같은 사람도 있다. 무척 다양하다. 물자를 대량으로 구입하는 고객이 많아서인지 주차장이 넓다. 주차장에는 관리인들이 군데군데 자리 잡고 있다. 이용자가 주차장에 차를 대고 물건을 산 뒤 다시 차를 뺄 때 관리인에게 주차 요금을 지불하는 식이다. 매우 현대적인 운용 시스템이다. 또 시장에는 백화점처럼 판매원들이 푸른 상의의 유니폼을 입고 있으며, 각종 판매 코너가 반듯하게 나뉘어 있다. 판매 코너의 크기는 판매 품목과 수량, 판매인의 수에 따라 다르다. 없는 것이 없는 종합 시장이다.

그러므로 요리 실습에서 쓰는 모든 재료를 시장에서 거의 구할 수 있다. 그런데 숭어만은 도통 눈에 띄지 않았다. 여기저기 생선 판매원에게 물어보니 여기에는 없다고 딱 잘라 말한다. 올해는 숭어 요리를 못해 먹겠구나 싶어 반쯤 포기할 즈음에 어느 생선 판매원이 귀띔을 해 주었다.

"시장 안쪽에 자리한 생선 가게에 가서 물어 보시라요. 있을지도 모르니깐."

서둘러 생선 가게로 가니 판매원이 처음에는 다른 생선을 권한다. 나와 가이드가 숭어를 얻고 싶다고 하니 "없습니다"라며 일언지하에 거절한다. 그러나 우리는 물러서지 않았다.

"저쪽에 있는 판매원이 여기에 있다고 말해 주었습니다."

강하게 다시 이야기하자 마지못해 안쪽에서 숭어 세 마리를 가지고 나온다.

판매원 말로는 서해갑문에서 잡은 숭어로, 오늘 들어온

것은 세 마리가 전부라고 한다. 그만큼 구하기 힘들어서 희소가치가 높아 대놓고 팔지 않는 것이다. 대동강에 서해 갑문이 생긴 뒤로 바닷물과 민물을 오가는 기수어인 숭어 가 바다에서 강으로 들어오지 못하게 되었다. 그래서 서 해갑문에 기수어가 다닐 수 있는 길을 따로 냈지만, 그 길 을 지나는 숭어들이 얼마 없어서 구하기가 어렵다고 한다. 점차 숭어도 양식해서 공급하고 있으니, 이제는 대동강숭 엇국에서 대동강을 떼고 그냥 '숭엇국'이라고 해야 할 판 이다.

그때만 해도 대동강에서 잡아 올린 숭어를 시장에서 팔 았고, 우리는 그 귀한 숭어를 얻기 위해 판매원과 흥정을 시작했다.

"비싼 생선이지요?"

간들거리는 목소리로 꼭 필요한 생선이니 한 마리라도 달라고 부탁했다. 그러나 한 마리로는 실습할 수 없어서 흥정에 흥정을 거듭한 결과 세 마리를 모두 얻었다. 크기 가 약 50~60cm로 보통보다 큰 듯했다.

숭어는 비늘이 딱딱하기 때문에 요리 실습을 돕는 요리 사가 미리 비늘을 벗기고 내장을 빼 주었다. 학생들은 다 듬은 숭어를 깨끗이 씻어 두 마리를 각각 삼등분했다. 나 머지 한 마리는 다듬기부터 삼등분까지 학생들이 직접 다 루었다.

(위) 대동강 숭어를 얻기 위해 찾은 통일거리시장.

(아래) 맑은 대동강숭엇국은 비린내가 전혀 나지 않았고 국물과 지방의 풍미가 대단했다.

삼등분한 숭어를 다시 3~4cm 간격으로 토막 내고 냄비에 담아 물을 붓는다. 여기에 파, 생강, 후추를 넣고 끓인다. 곧 부글부글 거품이 올라오는데, 비린내의 원인이므로 제거한다. 그러면 숭어의 맛을 내는 황색 기름이 떠오른다. 마지막으로 소금, 후추로 간을 맞춘다. 각자의 기호에 따라 국의 비린내를 없애는 데 효과가 있는 생강즙을 조금 더 넣을 수 있다. 숭어 기름으로 맛과 향을 내는 매우 간단한 국 요리다.

　이제 시식이 남았다. 숭어에 대한 '좋은 이미지'와 '나쁜 이미지' 둘 다를 알고 있는 나로서는 이 시식이 매우 중요한 판정 기준이 된다. 일본에서는 고도성장기에 강과 호수가 오염되면서 '민물고기는 비린내 나서 못 먹는 생선'이라는 나쁜 이미지가 확고히 자리 잡고 있다. 하지만 우리나라에서 숭어는 맛난 생선이라는 좋은 이미지가 있다. 결과는 물론 좋은 이미지의 손을 들어 주었다. 승부처로는 비린내가 없는 것은 물론이거니와 국물과 지방의 풍미에 있었다. 또한 소금과 후추만으로 간을 해서 숭어 본래의 맛을 해치지 않을 정도로 맛을 낸 것에 있었다.

　현대인의 미각은 오감이 아닌 이미지가 맛을 결정한다고 한다. 나 또한 처음에는 이미지에 의지했다. 하지만 이번에는 최종적으로 직접 맛을 보고 미각으로 판단할 수 있었다. 지금부터라도 이 감각을 갈고 닦아야겠다.

본고장에서 손수 만들어 먹다

평양냉면

세계 각지에서 사랑받는 면의 기원은 중국의 남북조 시대 (3~6세기)로 거슬러 올라간다. 그 후 아시아 각지에 전파되었다고 한다(이시게 나오미치(石毛直道),《문화 면류학의 시초(文化麵類学ことはじめ)》, 講談社, 1994년). 면의 제조 방법은 반죽을 양쪽으로 당기고 늘려 여러 가닥으로 만드는 납면(拉麵), 반죽을 막대기에 감아 당겨 가늘게 만드는 소면(素麵), 반죽을 밀대로 밀어 얇게 만든 뒤 칼로 써는 절면(切麵), 반죽을 구멍이 뚫린 틀에 넣고 밀어내는 압면(押麵), 쌀국수 형태의 면인 하분(河紛) 등 크게 다섯 가지로 구분한다. 조선에서 즐겨 먹는 칼국수와 냉면은 각각 절면과 압면에 해당한다.

조선 사람들은 면을 좋아하는 것으로 알려져 있지만, 그 역사는 의외로 깊지 않다. 조선 시대 들어 면을 먹기 시작했다고 한다. 당시 소면의 생산량이 매우 적어서 귀한 음식 대접을 받았다. 또한 면을 만들려면 시간과 노동력이 상당히 필요했기 때문에 일부 특권층만이 고급 요리로 먹을 수 있었다. 18~19세기 무렵에야 납면 제조법이 들어온 것을 보면, 우리나라에서 면의 발달은 최근의 일이라고 할 수 있다.

지금은 생산 기술이 발달해 건면이 많이 보급되면서 일반인들도 가볍게 면을 즐길 수 있다. 면 전문점도 늘어나서 어디서든 냉면을 먹을 수 있다. 〈조선신보〉에 연재된 '냉면 이야기'는 냉면에 관한 흥미로운 이야기를 담고 있다. 냉면의 본고장인 옥류관의 역사와 면 제조에 얽힌 비화 등이 상세하게 적혀 있어서 많은 것을 새롭게 배울 수 있다. 〈조선신보〉는 1945년 10월 10일 〈민중신문〉으로 창간되었다가 1961년 1월부터 〈조선신보〉로 제호를 바꾸었다. 1999년부터는 재일 동포 생활지의 성격을 강화하는 한편, 위와 같이 한민족의 고유한 생활 문화를 소개하고 있다.

평양냉면은 '평양' 하면 떠오르는 대표 음식이다. 냉면이 유명한 것은 두말할 필요 없다. 면의 주원료는 메밀가루다. 메밀은 건조하고 척박한 땅에서 잘 자라기 때문에 평양남북도와 자강도를 비롯해 한반도 전역에서 생산된다. 메밀가루에 녹두나 감자에서 뽑아낸 전분을 섞어서 평양냉면 고유의 면발을 만든다. 평양냉면의 면과 국물은 영양

(위) 평양냉면에 쓰는 재료들.
(아래) 국물을 낸 닭고기를 꼼꼼하게 다듬고 있다.

학적으로 우수하다. 메밀가루에는 비타민P의 일종인 루틴이 많이 들어 있다. 루틴은 모세혈관을 튼튼하게 하며, 혈압 강하 작용을 통해 고혈압과 뇌졸중 예방, 췌장 기능 활성화, 기억 세포 보호 및 활성화에 기여한다. 식물섬유나 단백질, 비타민B1, 비타민B2 등도 많은데, 그중에서도 비타민B군은 백미의 4배가량 들어 있다.

이번 요리 실습에서 반드시 냉면을 직접 만들고 시식까지 해 보길 바랐지만, 시간이 없어서 국과 기본 재료만 만들기로 했다. 국은 닭 한 마리와 소고기, 돼지고기에서 우려내고 조미료로 간을 했다. 조리 과정은 간단했지만 맛은 역시 "최고!"였다. 냉면의 풍취가 그대로 전달되는 그 깊은 맛에 학생들은 저도 모르게 탄성을 질렀다.

모처럼의 기회이므로 냉면 본고장의 레시피를 소개하고자 한다. 재료는 다음과 같다. 메밀가루 120그램, 감자 전분 80그램, 소고기 50그램, 돼지고기 60그램, 닭고기 30그램, 오이 10그램, 배 10그램, 배추김치 20그램, 고춧가루 2그램, 간장 15그램, 소금 5그램, 식초 5그램, 조미료 1그램, 파 20그램, 마늘 10그램, 참기름 1그램, 탄산 약간, 소금 1그램, 고추·달걀·잣 약간씩.

만드는 방법은 메밀가루와 감자 전분을 기호에 따라 6:4, 5:5, 7:3의 비율로 섞고 탄산과 뜨거운 물을 부어 충분히 반죽한 뒤 제면기에서 뽑아낸 면을 즉시 차가운 물

고명을 보기 좋게 담은 평양냉면, 높이가 딱 7cm!

로 씻는다. 소고기, 돼지고기, 닭고기는 찬물에 담가 센 불에 올린다. 끓어오르면 일어난 거품을 깨끗이 걷어내면서 2시간 정도 약한 불에서 계속 끓인다. 소고기를 꺼낸 뒤(언제 꺼낼지는 고기의 상태에 따라 다르다) 소금과 간장을 넣어 간을 하고 시루로 거른다(면포로 대용 가능하다).

오이와 배는 껍질을 벗긴다. 육류는 먹기 좋게 자른다. 돼지고기도 잘라서 국에 넣는다. 배추김치와 무도 먹기 좋게 자른 뒤 양념으로 무쳐 놓는다. 양념은 달군 고춧가루와 파, 마늘을 함께 갈아서 설탕, 간장, 후추, 소금, 조미료, 참기름, 참깨와 함께 섞는다.

그릇에 냉면을 담고 그 위에 양념을 한 움큼 얹은 뒤 오이, 소고기, 배추김치, 돼지고기, 배, 닭고기, 달걀, 파, 실고추를 순서대로 쌓고 국을 붓는다. 잣은 5~6알 정도 국 위에 띄운다. 쌓아 올린 음식의 높이는 대략 7cm에 달하여 보는 맛도 있다. 실제로 이춘영 선생이 쌓은 고명의 높이를 재 보니 딱 7cm다. 모두 놀라움을 감추지 못하고 "와~!" 탄성을 올렸다.

평양의 풍물시

대동문에서 있은 일

"냉면은 역시 옥류관이지!"

요리 실습으로 평양냉면을 만들어 먹은 뒤 학생들이 옥
류관을 한 번 더 가자고 졸랐다. 그래서 학생들과 함께 옥류
관을 찾아 냉면을 배불리 먹고, 소화도 시킬 겸 숙소인 평양
호텔까지 걸어서 돌아왔다. 옥류관에서 평양호텔로 돌아오
는 길에 대동문(大同門)*, 평양종(平壤鐘)**, 계월향비***가 있

* 대동문은 대동강변에 세운 평양성의 동쪽 성문(城門) 중 하나로,
평양의 랜드마크이기도 하다. 평양성은 내성(內城), 중성(中城),
외성(外城), 북성(北城)의 네 구역으로 나뉘는데, 대동문은 내성
의 성문이며 고구려 때인 6세기 중엽에 건립되었다. 이후 여러
차례 소실과 재건을 반복했다. 지금의 대동문은 임진왜란 때 파
괴된 것을 1635년(인조 13년)에 새로 건립한 것이다. 조선 시대
에는 서울에서 황해를 따라 올라와 대동강에 들어서서 평양으로

는 공원에 들러 느긋하게 시간을 보냈다. 대동문 위의 무도장에서 어여쁜 저고리를 입은 여성과 정장 차림의 남성이 사이좋게 팔짱을 끼고 걷는 모습이 보였다. 평양 시내의 광장이나 공원에서는 결혼 기념으로 사진이나 비디오 촬영을 하는 광경을 자주 목격할 수 있다. 근처에서 결혼식을 한 뒤 기념 촬영하러 온 신랑, 신부일 것이라고 생각하면서 그들을 물끄러미 바라보았다.

신랑, 신부는 이따금 서로 얼굴을 마주보며 방긋 웃는다. 또 신랑이 대동강 쪽을 가리키며 신부에게 무언가 말을 걸면, 신부는 응답하듯이 고개를 끄덕인다. 그 옆에서 커다란 캠코더를 든 사진사가 비디오를 찍는다. 그 모습이 자연스럽고 흐뭇해서 그들 가까이 다가가 카메라 셔터를 눌렀다. 바로 옆에 있던 사진사가 나를 보자마자 얼굴을 찡그린다.

들어가는 입구의 역할을 했다. 현재 북한의 국보 제4호로 지정되어 있다.

•• 평양종은 대동문에 있는 범종으로 우리나라 5대 범종 중 하나이다. 평양종은 1714년 화재로 사라지고, 현존하는 것은 1726년에 새로 주조했다. 북한의 국보 문화유물 제23호로 지정되어 있다.

••• 계월향(桂月香)은 조선 시대의 기생으로 임진왜란 당시 평안도 병마절도사 김응서의 첩이었다. 임진왜란이 발발하고 왜군이 평양까지 침입하자 계략을 짜서 김응서로 하여금 왜장의 목을 베게 하고 자결했다. 이를 기리기 위해 1835년에 세워진 것이 계월향비이다.

(위) 대동강변에 세운 평양성 대동문.
(아래) '진짜?! 신랑신부'와 함께 기념사진.

내가 촬영을 방해한 것이다. 사진을 찍어도 되냐고 황급히 양해를 구했다. 사진사는 손을 젓는다.

문득 신랑, 신부 주위를 둘러보니 정장을 한 사람보다 작업복을 입은 사람이 더 많다. 그들은 사진 촬영에 크게 신경 쓰지 않는 듯했다. 특별한 날의 특별한 촬영이면서도 평양에서 흔히 있는 풍물시(風物詩) 같은 것일지도 모른다는 생각이 들었다. 나는 잠시 풍물시의 전경에 녹아 들어서 그 모습을 바라보았다. 그런데 기념 촬영의 진행자인 듯한 남자가 내게 다가와 마이크를 내미는 것이 아닌가!

"아이고, 새로운 '기자' 동무가 오셨습니다. 오늘 새롭게 부부가 된 이들을 위해 한마디해 줍시다."

얼떨결에 기자가 된 나는 머뭇거렸다. 하지만 남자는 신랑, 신부와 내게 행동 패턴을 하나하나 가르쳐 주면서 대동강에 관한 설명을 늘어놓기 시작했다. 이것은 뭔가 영화의 한 장면을 연출하려는 것 같다.

'어라? 어째 분위기가 이상하다.'

그제야 나는 뭐가 뭔지를 깨달았다. 실제 신랑, 신부가 아니라 촬영을 위해 연출된 배우들이었다.

그 사이 학생들이 내게 몰려와 와자지껄 떠들어 자리가 시끄러워졌다. 촬영하던 카메라맨은 우리에게 화가 났고, 촬영이 잠시 멈췄다. 하지만 진행자는 아랑곳하지 않고 자리 분위기를 풀어 주었다.

"일본에서 아득히 먼 우리나라를 찾아오셨습니다. 자, 이 두 사람을 축복해 주세요."

신랑, 신부와 학생들이 함께 기념 촬영을 했다.

알고 보니 노래방용 비디오 촬영을 하던 중이었다. 촬영하는 측에서는 내가 느닷없이 끼어들어 기자로서 인터뷰를 하는 내용으로 이야기를 바꾸려 했다고 한다.

이 이야기를 가이드에게 하니, 가이드는 배를 움켜쥐고 폭소를 터뜨렸다. 어쩌면 우리나라 노래방 비디오에 얼핏 내가 등장할 수도 있지 않은가! 나는 등에 식은땀을 흘리며, 굳은 얼굴을 웃는 얼굴로 되돌릴 방법을 필사적으로 찾았다.

면 요리에 분투하다

소면

우리나라에서 "국수 먹으러 가자"는 '냉면 먹으러 가자'는 뜻이다. 그 정도로 냉면은 면류를 대표하는 서민 음식이다. 2011년 여름에도 나는 우리나라에 있었다. 어느 날 가이드가 내게 물었다.

"우리나라에서는 냉면이 유명한데, 일본에서는 어떤 면이 유명합니까?"

우동, 메밀국수, 소면, 냉국수를 이야기했더니 이렇게 부탁한다.

"그런가요? 그러면 '일본식재료전문점'에서 뭐라도 사와서 만들어 주시오."

우리나라 사람이 일본 음식을 언급하는 경우는 거의 보지 못했다. 관심은 있지만, 일본 요리 전문 식당이 많지 않은 데다 익숙하지 않아서 먹으러 가지 않는다. 일본에서 귀국한 동포들은 일본 음식이 그립지만, 식재료를 구하기가 쉽지 않고 설령 구할 수 있다 하더라도 비싸서 엄두를 못 낸다. 그러나 언니를 포함해서 몇몇 귀국자들은 낫토(納豆), 두부 따위를 좋아해서 우리나라에서 생산된 콩으로 자주 해 먹는 듯했다.

여하간 일본의 면 요리에서 국물은 기본적으로 가다랑어와 다시마를 우려낸 다음 간장, 미림(味醂)*, 맛술로 간을 한다. 면츠유(麺つゆ)**를 따뜻하게 데우거나 차갑게 해서 기호에 따라 향신료를 첨가해 먹는다. 면츠유를 비롯해서 이런저런 기본 식재료들을 우리나라에서 구하기가 쉽지 않고(최근에는 일본 요리 전문 식당이 있어서 구할 수는 있다), 구한다 하더라도 일본 음식 특유의 국물 맛을 제대로 재현하기 어렵다. 일본 술을 찾다가 못 찾은 가이드가 내게 물었다.

"요리에 쓸 술이라면 소주로 대신할 수 있지 않습니까?"

"소주로 면츠유를 만들지 않습니다."

내가 확실히 의사를 전달했지만, 가이드는 다음날 소주

---

* 증기로 찐 쌀과 쌀누룩에 알코올 도수 40도 정도의 소주를 혼합해 20~30도로 40~60일간 밀폐 저장한 뒤 압착여과시켜 만든 술이다. 주로 일본 요리에서 조미료로 사용한다.

** 면 요리를 위한 일종의 맛간장으로, 다시마를 우려 만든다.

를 들고 내 앞에 나타났다.

나는 우리나라의 '죽이 되든 밥이 되든' 정신에 굴복하고 말았다. 어쩔 수 없이 인스턴트 다시마 가루를 사용해서 국물 맛을 내기로 했다. 간장, 우동, 설탕은 준비할 수 있었다. 다음으로 술은 아무리 생각해도 소주는 아니어서 망설이고 있는데, 가이드가 "의외로 괜찮을 수 있으니 한번 넣어 보자"라며 끈질기게 밀어붙인다.

"그렇다면 만든 음식은 전부 가이드와 운전사가 어떻게든 다 해결하세요!"

맛있을 리가 만무했다. 미림이나 일본 술은 쌀과 쌀누룩을 발효시켜 양조용 알코올, 아미노산, 유기산 등으로 맛을 내는 음료다. 그런데 소주는 쌀, 고구마, 잡곡 등을 증류시켜 만들기 때문에 미림이나 일본 술과는 맛이 전혀 다르다. 소주에 비해 일본 술이 단연 단맛이 강하다. 향도 일본술이 한층 더 강하고(긴조슈(吟釀酒)*는 말할 것도 없다) 알코올 도수가 낮기 때문에 비교적 잘 넘어간다.

드디어 악전고투 끝에 '그럭저럭 차가운 소면'이 완성됐다. 단맛을 내려고 다시마 국물에 설탕을 넣으려 했지만 설탕이 부족해 포기. 중간에 몇 번이나 간을 보면서 맛을

---

* 청주의 하나로, 60% 이하로 정미(精米)한 백미를 원료로 해서 저온 발효시켜 빚는다.

(위) 미림이나 일본 술이 없어서 평양소주로 멘츠유를 만들 수밖에
없었다. 망했다!
(아래) 역전식당에서 오징어를 굽고 있는 종업원.

내려 했지만 막판에는 냉정하게 맛을 판정할 수 없었다.

향신료로 쓸 파와 생강을 간신히 얻었고, 차갑게 먹을 수 있도록 얼음을 준비했다. 이제 남은 것은 시식. 예상대로 '이게 뭐야?!'라는 표정이다. 조금 과장해서 말하면, "일본에서는 이렇게 맛없는 것을 먹는가?"라는 불만이 터져 나왔다.

나는 국물 내기부터 시작해서 하나부터 열까지 제대로 된 재료와 방법을 설명했다. 미림, 일본 술, 간장이 맛을 결정한다고 강조했다. 덧붙여서 일본 술과 소주의 차이를 나름대로 설명했다. 그렇지만 일본 술의 이미지가 잘 전달되지 않은 것인지, 같은 술인 소주를 썼는데 왜 맛이 나지 않느냐며 의문이 끝까지 풀리지 않는 듯했다.

차라리 만들지 말았으면 하는 후회만이 남았다. 이제는 평양의 역전식당에서 맛있는 일본 요리를 맛볼 수 있다. 다음에는 가이드와 운전사를 역전식당으로 데리고 가서 맛있는 요리를 맛보게 해 '오명 반환'을 기어코 이뤄 내리라 다짐했다.

좌측에 가도 먹을 수 없어요

잣죽

우리나라에 머물던 어느 날, 친척들과 식사하기 위해 평양 호텔 1층의 레스토랑으로 발을 옮겼다. 지금은 북조선과 일본에 일가친척들이 흩어져 살고 있지만, 내 조부모는 제주도 출신이다. 일제강점기에 조부는 미국 선적 화물선 취사원으로 세계 각지를 돌아다녔다고 한다. 1930년대 중반 일본의 고베항에 배가 잠시 머물던 중에 자격 부적격자로 붙들려 오무라수용소에 갇혔다. 이를 계기로 일본에 정착하면서 조부의 처자식들까지 일본으로 건너왔다. 해방 이후에도 1948년 '제주 4·3'이 일어나 제주도로 돌아가지 못했다.

이후 재일 동포들은 일본 사회에서 무수한 차별을 받았다. 그래서 조총련을 중심으로 1959년부터 1984년까지 자식들이라도 북쪽으로 보내자는 '귀국사업'이 벌어졌으며, 이

때 내 언니와 사촌들이 우리나라로 건너갔다.

지금도 조국 방문 중에 짬이 날 때마다 친척들을 만나곤한다. 그날도 평양호텔 레스토랑에 모여 식사 메뉴를 고르고 있었다. 메뉴판을 보니 종류가 매우 다양해서 어느 것을 골라야 할지 막막하던 차에 잣죽이 눈에 띄었다. 그날은 위 상태가 좋지 않았고, 며칠 전에 있었던 어떤 일이 생각나기도 해서 잣죽을 먹기로 하고 바로 주문했다.

며칠 전 나는 학생들을 데리고 지방 관광으로 개성에 갔다. 평양호텔에 머물던 한 여성이 우리 여행에 합류했다. 노부인은 75세였으나 겉으로 보기에는 60세 정도로 더 젊어 보였다. 입고 있는 옷도 세련되고 모던한 느낌이었다. 노부인은 우리말을 그다지 잘하지 못했고, 우리말과 일본어를 몸짓과 손짓을 섞어 가면서 이야기했다. 노부인은 재일 동포인데, 우리학교를 다니지 않아 우리말을 제대로 하지 못하는 듯했다.

개성으로 향하는 버스에서 창밖으로 다리가 보이자, 운전사와 가이드가 뭐라 뭐라 이야기를 나누었다. '좌측에 가면 어디이고 우측에 가면 어디라서 어떻게 하면 좋겠습니까?'라는 내용이었다. 재일 동포들은 우리나라를 방문해서 이동할 때 버스를 이용한다. 1989년 세계평양축전에 수백 명의 조선고와 조선대 학생들이 참여하면서 조총련이 일본 닛산(日産)에서 생산한 5대의 버스를 보냈다. 55인승

'조청애국호'를 타고 지방 참관을 가는 조선대 학생들.

의 대형 버스는 지금도 재일 동포 학생들의 단기연수 때 이동 수단으로 잘 쓰이고 있다. 흰색과 녹색으로 칠한 버스에는 '조청애국호'라는 글자가 씌어 있다. 최근에는 학생이 줄어들면서 그에 맞게 열 명 전후가 탈 수 있는 소형 버스를 주로 이용하고 있다.

"좌측에 가고 싶어."

베스트 드라이버인 운전사와 가이드의 대화를 듣고 있던 노부인이 아무래도 좌측으로 가야 할 것 같다며 말했다. 그러자 가이드가 대답했다.

"잣죽? 잣죽을 먹고 싶다고?! 좌측에 가도 잣죽은 먹을 수 없어요."

가이드는 노부인이 '좌측'을 말하는 것인지, '잣죽'을 말하는 것인지 알아듣지 못하고 그저 농담조로 응대한 것이다. 일순간 정적이 흘렀다. 곧바로 운전사와 가이드는 물론 부인 가까이에 앉은 사람들이 웃음꽃을 터뜨렸다. 웃음소리를 들은 학생들은 영문을 모르겠다는 표정으로 우리가 있는 쪽을 이상한 눈빛으로 바라보았다. 가이드는 부인에게 좌측과 잣죽의 발음 차이를 열심히 설명했고, 부인은 가이드의 도움으로 몇 번이나 반복해서 정확한 발음을 연습했다.

잣은 잣나무가 많은 한반도를 비롯해서 중국 동북부, 시베리아 지방 등에서 채취할 수 있다. 솔방울 안에는 1cm

잣죽은 지친 위장과 피로 회복에 최고다.

정도의 하얀 종자가 있다. 예로부터 '신선의 영약'으로 불리면서 불로장생의 약 혹은 강장제로 쓰였다. 그래서 궁중요리에서 결코 빠지지 않는 식재료다. 지방질이 특히 많고 단백질, 비타민B1과 비타민E, 그 밖에도 철, 칼륨, 인 등의 미네랄이 풍부해서 다양한 요리나 과자, 오차우케[*], 장식 등에 폭넓게 쓰이고 있다. 그중에서도 잣죽은 잣의 뛰어난 풍미를 잘 살린 음식으로서 피로에 지친 현대인의 위장에 더할 나위 없이 좋다.

조국 강습에서 돌아온 그해 11월 상순에 조선대에서는 창립 55주년 기념행사가 열렸다. 대학 캠퍼스 한편에서 사진전이 열리고 있다는 소식을 듣고 발걸음을 옮겼다. 거기에 어딘가 낯익은 여성이 서 있었다. 기억을 더듬어 보니 조국 여행길에서 잠시 만난 바로 그 부인이 아닌가! 오랜만에 회포를 풀면서 나는 잣죽 일이 떠올랐다.

"건강하시니 다행입니다."

터져 나올 것 같은 웃음을 꾹 참고 미소를 지으며 악수를 나누었다.

그러고 보니 잣죽 일 이외에도 부인이 조개구이, 와인과 치즈 등을 사 주었던 것이 생각났다. 그런 일이 있어서 당시 조국 방문이 더욱 즐거웠다. 서로 연락처를 주고받았으

---

* 차에 곁들여 먹는 과자를 일컫는 일본어.

니 언제라도 다시 함께 조국을 방문할 수 있기를 바란다. 부인과의 멋있는 조국 방문을 상상하는 것만으로도 즐겁기 그지없다.

강한 향이 식욕을 돋우다

향채 요리

2014년부터 조선대학교 단기학부에서는 우리나라 상업 분야의 종합 대학으로 발돋움하고 있는 장철구평양상업종합대학에서 사흘간 요리 실습을 진행했다. 이 대학은 1959년 9월 요리, 의복, 관광 등의 전문가를 양성하기 위한 목적으로 설립되었다. 개교 당시 이름은 평양상업대학이 었다가, 1990년 김일성 주석이 장철구라는 이름을 붙여주었다. 장철구는 항일 빨치산 부대의 작식대원(취사병)이었다. 2013년부터는 규모를 확대해 호텔경영학과, 영양조직학과, 서비스기초강좌 등을 새롭게 신설했다. 전문 기능인 양성 대학에 걸맞게 학내에는 100여 명 규모의 료리종합실습장, 봉사실기실, 30여 개의 교실과 40여 개의 사무실, 교육과학성과전시관이 갖춰져 있다. 2010년대부터 상업, 서비스업이 점차 발전하면서 신흥 명문 대학으로 발돋움

(위) 우리나라의 학생이 조선대 학생들을 하나하나 돕는다.
(아래) 완성한 요리 앞에서 찰칵!

하고 있다.

학교 캠퍼스를 이곳저곳 둘러보면, 호텔업이나 서비스업에 필요한 실습 도구가 충분히 구비되어 있다. 우리는 급양학부(給養學部) 학생들과 함께 최신 시설 및 기구가 있는 실습실에서 요리 실습을 했다. 강사는 작년에 이어 요리 실기 강좌장인 리광준 선생. 그리고 5인의 우수한 대학생이 보조로 참가했다.

실습 첫날, 선생은 간단한 자기소개와 기구 사용법 및 주의사항 설명을 마치고 바로 실습 강좌에 들어갔다. 하나하나 자세히 설명하면서 온화한 표정을 잃지 않은 모습이 인상적이었다. 그러나 실습에 들어가자 선생은 엄격한 표정으로 꼭 필요한 말만 했다. 학생들도 숨을 죽이고 선생의 멋진 요리 솜씨를 눈에 담았다.

눈으로 배운 학생들은 선생이 하던 대로 도마 위에 식재료를 올려놓고 손질한다. 그러나 현지 대학생들의 도움을 받지 않으면 제대로 해낼 수 없다. 숙련도에 차이가 있다. 실습 기간은 사흘. 12종의 요리를 만들었다. 콩나물밥, 감자지짐, 감자나물, 돼지고기진채볶음, 명태볶음, 감자밥, 감잣국, 콩밥, 깍두기, 돼지고기낙화생볶음, 생선완자탕, 명란젓이다. 이번에도 우리나라에서 많이 나는 감자를 이용한 요리가 많았다.

돼지고기진채볶음은 우선 지방이 적은 등심 부위의 돼

지고기를 덩어리째 도마 위에 올려놓고 자르는 연습부터 시작했다. 크기는 4~5cm, 두께는 3~4mm로 썬다. 학생들은 고기를 써느라 악전고투했다. 일본에서는 얇게 저민 고기를 구입해서 쓰므로 덩어리 고기를 자르는 실습은 잘 하지 않는다. 기본적으로 집에서 요리하는 그대로 실습한다. 이렇게 자른 고기에 소금, 간장, 설탕, 마늘, 후추, 조미료를 친다. 고수는 일본에서 그다지 쓰지 않는 식재료다. 학생들은 신기한 듯 바라보면서 딱딱한 섬유질의 뿌리 부분을 떼어 냈다. 그다음 냄비에 기름을 두르고 돼지고기를 볶는다. 돼지고기가 익으면 고수를 넣고 소금, 후추, 간장으로 간을 맞춘다. 깨를 뿌려도 좋다.

아시아 요리에 빠지지 않는 고수 같은 향채는 현재 유럽, 중남미를 비롯해 세계 곳곳의 식탁으로 확산되고 있다. 강한 향은 호불호가 갈리지만, 향채를 돼지고기 볶음 요리에 넣어 먹으면 입안에 퍼지는 독특한 향과 맛 때문에 자꾸 먹고 싶어진다.

돼지고기낙화생볶음은 먼저 돼지고기를 2~3cm 크기로 깍뚝 썬 다음 소금, 후추, 녹말가루, 달걀흰자, 조미 술로 버무리고 기름에 튀긴다. 낙화생(땅콩)도 껍질을 벗긴 다음 기름에 튀긴다. 육즙에 간장, 술, 후추, 설탕, 조미료, 녹말가루를 푼 물을 넣어 육수를 만든다. 냄비에 기름을 충분히 두르고 고추, 양파, 다진 마늘을 볶은 뒤 튀긴 돼지고기와

낙화생, 육수를 넣어 걸쭉해질 때까지 끓인다. 낙화생을 사용하거나 고기 밑간을 하는 과정은 중국의 요리법과 비슷하다.

한편 명태는 조선에서 흔히 먹는 생선으로 이번에도 생태를 손질해서 볶음 요리를 만들었다. 내장도 버리지 않고 쟁반에 따로 모아 요리에 썼다. 알은 알다시피 주로 소금에 절여 명란젓으로 해 먹는다. 소금에 절인 뒤 고춧가루와 마늘로 양념해서 이틀 정도 묵히면 밥도둑 명란젓이 완성된다.

실습 마지막 날, 남은 명란젓을 실습 기념으로 학생들이 가져가 이틀 만에 다 먹었다. 강한 향이나 진한 맛은 식욕을 자극하기 마련이다. 식욕대로 먹다 보면 체중이 는다.

화려한 장식, 진화하는 데커레이션
장철구평양상업종합대학

장철구평양상업종합대학 실습에는 서비스 정신과 배려하는 마음을 기르기 위한 다양한 장치가 있었다. 매우 인상적이었다. 우리 또한 그러한 장치의 하나로 마지막 날 실습에서 요리 미술을 배웠다. 요리 미술이란 일반적으로 요리 데커레이션(장식) 기술을 말한다.

최근 요리는 인간의 식욕을 채울 뿐만 아니라 미각, 시각, 후각 나아가 청각까지 자극하는 전방위적인 문화 활동으로 여겨지고 있다. 그래서 사람들의 마음을 움직이는 요소를 요리에서도 추구하고 있다. 앞으로 음식 문화는 연행적인 요소가 가미된 신문명으로서, 창조적이며 참신하고 재미를 추구하는 방향으로 진화하지 않을까?

이번(2015년)에 리명철 선생이 그러한 요리 미술을 가르처 주었다. 얼핏 보면 일본 배우 마쓰카타 히로키*와 닮았다. 무뚝뚝한 표정에다 과묵하기까지 하다. 그런데 요리 미술 전용 나이프를 한 손에 쥐고 실습에 돌입하자, 그 체격과 투박한 손으로는 가히 상상할 수 없는 섬세한 작품이 탄생했다.

학생들에게도 요리 미술 전용 나이프가 각각 주어졌다. 끝이 뾰족한 것, 둥근 것 등 표현하고자 하는 것에 따라 모양이 제각각이다. 오늘의 재료는 당근, 오이, 토마토다. 초보 과정으로 꽃과 금붕어를 표현하는 작업을 시도해 보기로 했다.

먼저 선생이 데커레이션 시범을 보였다. 쉽고 간단하게 당근으로 꽃을, 오이로 대나무와 물풀을, 토마토로 금붕어를 만들었다. 다음으로 세 가지 색소(분홍, 초록, 갈색)의 식용 펜을 사용해서 큰 접시에 식물과 오선지, 음표를 그려 넣었다. 접시 위에서 펜을 막힘없이 놀리는 선생의 모습은 가히 예술가 자체였다. 순식간에 완성된 선생의 데커레이션을 본 학생들은 자기들도 할 수 있다는 착각에 빠졌다.

• 마쓰카타 히로키(松方弘樹, 1942~2017)는 배우, MC, 영화감독, 영화 제작자 등 일본 연예계에서 활약한 만능 엔터테이너였다. 야쿠자물이나 사극에 출연하는 등 연기 스펙트럼 또한 매우 넓었다.

장철구평양상업종합대학은 1959년에 요리, 의복, 관광 등의 전문
가를 양성하기 위한 목적으로 설립되었다.

그러나 막상 나이프와 식용 펜을 잡고 뭔가 하려고 하면 도중에 끊기거나 무너지거나 우그러지거나 눌려서 엉망이 되었다.

선생은 이어서 사과와 삶은 달걀을 이용해 동물을 표현했다. 사과는 지금이라도 당장 날아갈 것 같은 원앙새로 탈바꿈했고, 삶은 달걀은 귀여운 토끼로 변신했다. 결혼식 요리를 장식하는 대표적인 데커레이션이라고 한다.

데커레이션 강습이 끝나고 마지막으로 학생들의 작품에 대한 품평회를 시작했다. 원앙새인지 토끼인지 알아보기 힘든 것도 있다. 돌아가면서 품평회를 진행하는데, 저쪽에서 선생이 방긋방긋 미소를 지으며 커다랗고 둥근 모양의 물건을 가지고 왔다. 가까이 보니 수박의 초록, 빨강, 흰색의 색감을 잘 살려서 만든 장미 모양의 작품이었다. 수박이 장미로 변신할 수 있으리라고는 상상 못했다. 그런데 그런 작품이 바로 눈앞에 있으니 눈이 휘둥그레지고 멍하니 바라볼 수밖에 없었다.

얼마 전까지만 해도 요리 장식은 부차적이라는 인식이 보통이었다. 앞으로는 요리가 사람들을 얼마나 기쁘고 즐겁게 만들 수 있을까? 요리가 손님에게 평온과 웃음을 주는 길로 나아갈 수 있을까? 새로운 길로 한 발 힘차게 내딛기 위해 긴장을 늦추지 않고 노력에 노력을 거듭하며 끊임없이 도전하리라 마음을 다져 본다.

(위) 접시에 그린 데커레이션, 잘했지요?

(아래) 보는 즐거움을 돋우는 장식 요리.

조선을 대표하는 음식
떡

조선을 대표하는 음식 가운데 하나가 떡이다. 예로부터 떡은 종류가 매우 다양하고, 식생활을 윤택하게 하며, 제사와 같은 한민족의 의례에 없어서는 안 될 음식이었다.

떡의 주원료인 쌀만 먹어도 배부른데, 떡은 건강 식재료를 첨가해서 다른 이들에게 먹이는 아량까지 담고 있다. 우리의 전통음식으로서 한민족의 역사와 문화를 담고 있다. 떡이 우리 생활 속에 깊숙이 뿌리내린 까닭은 선조들이 쌀을 비롯한 알곡을 주식으로 삼았기 때문이다. 떡은 곡물을 익혀 먹는 과정에서 자연스레 생겨났다. 떡을 만드는 도구인 갈돌, 갈판, 시루 등이 삼국 시대 이전의 유물로 출토되었다. 벽화와 각종 문헌에도 시루떡, 인절미, 절편, 대두병 등을 만들어 먹은 기록이 남아 있다. 또한 떡은 아무리 먹어도 싫증나지 않고, 여러 색감과 맛을 더해도 잘 어울린다.

또 둥근 모양, 네모난 모양 등 다양하고 쉽게 다룰 수 있다. 조상들의 지혜와 생활은 흔히 속담을 통해 전해 오는데, 떡에 관한 속담이 450여 개에 이를 정도로 유달리 많다. 우리 생활문화에서 결코 빼놓을 수 없는 음식이라는 증거다.

떡은 그 종류가 매우 다양하다. 만드는 방법에 따라 찌는 떡, 치는 떡, 빚는 떡, 지지는 떡으로 나뉜다. 또한 사계절이 뚜렷한 우리나라에서는 절기와 명절마다 떡 만드는 방법이 제각기 다르다. 봄에는 화전, 단오에는 쑥떡, 추석에는 송편, 동짓날에는 찹쌀경단과 팥죽을 먹는다. 그리고 관혼상제나 잔칫상에 떡은 기본적인 의례 음식이다. 백일이나 돌잔치에는 백설기, 혼례에는 봉치떡*, 환갑 잔칫상에는 절편, 인절미, 송편 등을 가로세로 맞추어서 차곡차곡 높이 쌓아 올린다. 떡은 자연의 산물을 다루면서도 정성 어린 마음과 고급 기술을 가진 인간의 멋스러운 예술 감각이 발휘된 작품으로서, 사람들에게 기쁨과 감동을 선사한다.

어느 날 6·9룡북고급기술중학교에서의 실습을 상의하기 위해 점심 무렵에 학교를 찾아간 적이 있다. 실습 기간

---

* 면포를 깐 시루에 팥고물과 찹쌀가루를 켜켜이 쌓은 뒤 그 위에 대추와 밤을 얹어 찐 떡을 말한다. 봉치는 신부 측의 혼인 허락에 대해 신랑 측에서 감사의 뜻으로 예물과 납폐서를 보내는 절차를 말하는데, 이때 신랑 측에서 함께 보내는 음식이 봉치떡이다.

은 대체로 2~3일이며, 학과별로 진행한다. 조선대 생활과학과에서는 손바느질(hand sewing)로 다양한 모양의 주머니 만드는 법을 학생들에게 가르친다. 한 사람당 2개씩 만든다. 정보경리과에서는 스크래치(Scratch) 프로그램을 이용한 컴퓨터 교실을 연다. 6·9중학교는 평양 시내의 중학교 가운데 컴퓨터 교육에 많은 힘을 쏟는 것으로 유명하다.

조선대 학생들의 교생실습을 상의하기 위해 찾아간 학교에서 교장 선생이 점심 식사를 준비해 주었다. 점심인데도 마치 소연회처럼 여러 가지 요리가 차려져 있었고, 알록달록한 과자와 떡이 테이블 위에 당당히 놓여 있었다. 교장 선생은 연한 자색의 포도 한 알의 껍질을 벗겨 내게 건넸다. 포도 알은 크고 탱탱하며 달콤한 향을 냈다. 단맛과 신맛이 절묘하게 어우러진 맛이 입안 가득히 퍼졌다.

"조선에서 생산한 것입니까?"

내가 포도 알의 크기, 순한 맛과 향에 놀라 물었다.

"네, 이것은 금수산(錦繡山) 태양궁전* 부지에서 재배한

---

* 금수산은 평양직할시 대성구역에 위치한 모란봉의 또 다른 이름이다. 금수산 기슭에 1977년 김일성 주석의 65세 생일을 기념하여 지은 석조 건물을 가리킨다. 1994년 김일성 주석이 죽기 전까지 주석궁으로 불리며 관저로 쓰다가 김일성 주석 1주기를 맞이하여 금수산기념궁전으로 이름을 바꿨다. 2012년 2월 16일 김정일 탄생 70주년을 기념해 금수산태양궁전으로 또다시 바꿨다.

6·9룡복고급기술중학교 교장 선생님과 함께.

(위) 색과 종류가 다양해서 먹고 보는 맛에 흠뻑 빠져 시간 가는 줄 몰랐다.

(아래) 일본의 '모치'와 비슷한 우리 찹쌀떡.

귀중한 포도입니다."

교장이 자랑스레 이야기하면서 또 한 알을 건넸다.

테이블에는 여러 종류의 떡이 보기 좋게 올라와 있어 무엇을 먹을지 한참 고민했다. 나는 일본 과자 중에서 다이후쿠모치(大福餠, 속에 팥이 든 둥근 찹쌀떡)를 가장 좋아한다. 그래서 그와 비슷한 떡을 발견하자마자 재빨리 입에 집어넣었다. 일본의 모치보다는 작지만 부드러움은 우리나라 떡이 단연코 앞선다.

"선생님, 이 떡은 상상했던 것보다 부드러워 놀랐습니다!"

"옛날과 비교해서 떡 가공 기술이 향상되었고, 이제는 국내산 상품이 점차 증가하고 있으며, 떡 전문점이 여기저기 들어서고 있습니다. 맛있죠? 나도 집에 가는 길에 자주 사 갑니다."

그 외에 쑥떡도 있고, 깨나 콩가루를 바른 떡, 과일즙과 함께 반죽한 떡 등 색과 종류도 다양해서 먹고 보는 맛에 흠뻑 빠져 시간 가는 줄 몰랐다.

또 어느 날에는 학생들과 실습을 위해 조국을 방문한 나를 친척이 찾아왔다. 친척은 학생들과 나눠 먹으라고 떡을 한 아름 가지고 왔다. 조선에서 자주 먹는 송편과 자그마한 찹쌀떡이었다. 받자마자 학생들에게 나눠 주었다.

"어? 일본의 모치와 비슷하잖아. 아니, 그것보다 훨씬 맛있네!"

호평 일색이었다. 역시 떡의 원조는 조선이다. 모치는 조선의 떡을 따라갈 수 없다. 떡은 무한한 가능성과 다양성을 간직한 훌륭한 요리 기술을 발휘한 식품이라고 말할 수 있다.

현재 우리의 떡 문화는 조선의 전통을 계승하면서 시대에 발맞추고 있다. 새롭게 펼쳐질 그 길이 아직은 열리지 않았지만, 머지않아 우리 앞에 더욱 즐거운 날들을 선사할 것이다. 뭐니 뭐니 해도 신선하고 참신한 아이디어를 가진 젊은이들이 독창성을 가지고 개척할 분야이다. 정도(正道)가 아닐 수도 있지만 치즈퐁듀와 연관해서 떡퐁듀를 생각할 수 있고, 파티시에˙처럼 떡 만드는 장인을 가리키는 세련된 이름이 생겨날 수 있다. 그런 상상만으로도 나는 즐겁다. 일본 과자의 단맛과 화려함을 부러워하기보다, 우리 민족의 떡 문화에 깃든 무한한 가능성을 간과하지 않고 계승해 가길 바란다.

˙ 파티시에(patissier)는 제과사를 뜻하는 프랑스어다. 이 말은 프랑스 고유의 빵 종류인 페이스트리에서 유래한다. 이처럼 한 민족의 식문화가 갖는 고유한 특색을 발전시켜서 세계적으로 널리 퍼뜨려 보통명사화하는 것을 떡의 전망으로 삼자고 말하는 것이다.

북조선 사람들의 독특한 먹는 스타일

쌈

보통 부모가 자식에게 혹은 사랑하는 연인이 서로에게 애정을 표현하기 위해 음식을 "아~"하며 입에 넣어 준다. 일본에서는 연인 사이라면 어떨지 몰라도 처음 만나는 상대에게 그렇게 하면 당연히 당황할 것이다. 그런데 북조선에서는 처음 보는 사이들끼리도 서로의 입에 음식을 넣어 주는 광경을 종종 볼 수 있다.

한번은 야외에서 불고기를 먹었다. 운전사와 가이드는 서로 잘 아는 사이인지라 상추에 고기를 싸서 서로의 입에 넣어 주었다. 조금 부끄러워하는 것 같았지만 상대가 하는 대로 따랐다. 비슷한 상황이 나한테도 벌어졌다. 그 자리의 다른 그룹과 합치게 되었는데, 어떤 남성이 고기를 넣은 쌈을 내 입에 넣어 주려는 것이 아닌가! 나는 거부했고, 그는 의아한 표정을 지었다. 그는 아마도 기분이 상했을 것

116

이다.

또 우리나라 어느 식당에서 내 지인과 그 지인의 지인과 함께 밥을 먹은 적이 있다. 독자들의 예상처럼 같은 장면이 연출되었다. 이번에는 그러한 행위가 인사의 또 다른 표현이라고 생각해서 받아들이리라 마음먹었다. 그런데 본능적으로 손이 먼저 움직여 그를 막았다. 그는 내가 '자이니치(在日)'라는 것을 알고 있어서 그랬는지, 내 손을 치우고 반강제로 쌈을 입에 넣어 주었다.

쌈은 농사일을 하면서 간단하게 먹을 수 있는 음식이다. 처음에는 보리밥 등의 곡물과 고추장을 상추에 싸서 먹었다고 한다. 고려 시대 때 원나라로 강제로 끌려간 고려 궁녀들은 밭에 모국의 상추를 키워서 상추쌈을 해 먹으며 망향의 그리움을 달랬다고 한다. 그 뒤 이러한 쌈 문화가 원나라에 전파되었다. 〈상원리곡(上元俚曲)〉에는 이런 시가 있다.

곰취에 쌈을 싸고 김으로도 쌈을 싸
온 집안의 어른 아이 둘러앉아 함께 먹네
세 쌈을 먹으면 서른 섬이라 부르니
올 가을엔 작은 밭에도 풍년이 들겠지

또 "시골집에서는 묵은 나물이나 김 또는 무청, 배추김

(위) 우리나라에서는 서로의 입에 음식을 넣어 주는 광경을 종종 볼
수 있다.
(아래) '쌈' 문화는 우리 민족의 오랜 전통이다.

치에 밥을 싸서 한 입 먹고는 열 섬이라 부르고 두 입 먹고는 스무 섬이라 하고 세 입 먹고는 서른 섬이라 불렀다. 이것을 '풍년 빌기'라고 한다"라는 기록도 있다. 나아가 조선 후기의 《동국세시기(東國歲時記)》에는 "정월대보름에 나물 잎에 밥을 싸서 먹는 것을 복쌈이라고 한다"라는 기록이 있다. 복쌈은 '모든 복을 싼다'는 뜻으로, 우리 민족 특유의 정감 넘치는 표현이다.

지금 사람들은 손바닥만한 크기의 깻잎이나 양배추 두세 겹에 고기나 생선을 싸서 먹는다. 사람은 자기도 모르게 처음 먹는 음식에 대해 보수적이기 쉽다. 그러나 약간의 호기심과 모험심을 가진다면, 여러 음식의 새로운 맛을 받아들일 수 있다. 이때 공식(共食, commensality)*이 큰 도움을 준다.

공식은 원활한 공동체 생활을 위한 윤활유 역할을 한다. 공식을 통해 음식의 종류, 조리법, 담는 방식, 기호나 맛의 개념 등 공동체의 고유한 음식 문화가 만들어지고 전승된다. 앞으로도 '쌈'을 통해 우리나라의 고유한 공식 문화가 계속해서 이어지기를 바란다.

---

* 한 집단이나 모임이 함께 식사함으로써 구성원들이 서로 교감하고 친목을 강화하는 행위를 말한다.

너무 맛있어서 한술 더 뜨다

김치

나에게 우리나라의 봄은 밥상에 나오는 김치 맛의 시큼함이다. 이제 김장김치를 거의 다 먹어가는 계절이라는 뜻이다. 어느 날 식당에 들어가 여느 때와 같이 김치를 주문했다. 먹어 보니 시큼한 맛이 강했다. 언니 집에 머물 때도 배추김치가 나왔는데 시큼했다.

"이제 이게 끝이야. 물김치를 만들어야 할 때가 왔네."

언니는 김장 항아리에서 얼마 남지 않은 김치를 꺼내 자그마한 용기에 옮겨 담았다.

한반도에서는 겨울철 채소를 보관하기 위해 11월 무렵부터 김치를 담그기 시작한다. 이것을 김장(2013년 12월 유네스코 인류무형문화유산에 등록)이라고 한다. 대략 11월부터 12월까지 약 한 달에 걸쳐 한반도 전역에서 김치를 담근다. 이렇게 가을에 수확한 채소를 김치로 만들어 대량 보관하면 겨우내 먹을 수 있다. 이듬해 3월이 되면 유산균보다 초산균(acetic acid bacteria)이 더 활성화되어 신맛이 강해진다. 신김치 또한 다양한 요리에 쓰인다. 신김치는 우리나라 식단에서 끝까지 남을 수밖에 없는 음식이다.

조선의 밥상에는 여러 가지 음식이 오른다. 가정집이나 음식점에서는 김치를 적어도 한 종류, 때로는 여러 종류 구비한다. 그중에서도 배추김치, 깍두기, 물김치가 대표적이다. 물김치와 비슷한 김치로 동치미가 있다. 무를 통째로 소금물에 담가 만든다. 물김치를 나박김치라고도 하는데, 채소를 장방형으로 썰어 만든다고 해서 그렇게 부른다. 깍두기가 '깍둑 깍둑 깍둑' 써는 모습을 그대로 김치의 이름으로 사용한 것과 마찬가지다. 이처럼 조선 요리는 주재료, 조리법, 요리 상태 등에 따라 이름을 붙인다. 참 재밌다.

김치는 해방 뒤 일본에 본격적으로 수입되기 시작했다. 이제는 일본 전통의 절임 요리를 뛰어넘어 생산량과 섭취량에서 모두 우위를 보이고 있다. 그 증가율 또한 가파르다. 매운맛 열풍과 한류를 타고 한민족의 식문화가 일본에 유입되었는데, 김치가 그 중심에 있다. 지금 일본의 젊은 세대 중에는 김치를 일본 음식, 일본산 식품으로 생각하는 이들이 많다.

일본의 김치는 크게 한국에서 수입하는 김치와 일본인의 입맛에 맞춰 일본에서 생산하는 '기무치'로 나뉜다. 일

(위) 잘 익은 배추김치.

(아래) 시원하고 상쾌한 물김치.

본산 기무치는 양념부터 다르다. 동물성 식품, 예를 들어 새우젓과 낙지를 넣지 않는다. 또 젖산발효의 정도가 약하고 단맛이 강한 것이 특징이다. 젖산발효가 약해 생기는 부족한 맛을 화학조미료로 채우기 때문에 김치에 비해 맛이 한참 떨어진다. 젖산의 맛 없이 단맛과 매운맛만이 따로따로 노는, 한마디로 재미없는 맛이랄까?

물김치는 원래 겨울에 먹지만, 모양도 시원하고 맛도 상쾌해서 여름철에도 즐겨 먹는다. 물김치를 만드는 방법은 간단하다. 푸른 채소(열무 잎을 사용한다)를 마늘과 고춧가루 등으로 양념한 뒤 물을 넉넉하게 붓는다. 그러면 젖산발효가 일어나면서 상쾌한 신맛과 약간의 매운맛을 낸다. 매운 음식을 먹지 못하는 사람들도 무리 없이 먹을 수 있다.

북조선에서 학생들과 식사할 때마다 물김치가 금방 동이 나곤 했다. 몇 번씩 더 달라고 하는 것이 미안해서 상 차릴 때부터 사람마다 한 그릇씩 달라고 부탁했다. 종업원이 밝게 웃으며 그렇게 해 주었다. 그런데도 맛있는 것은 어찌 알아서 학생들이 더 달라고 하니, 종업원이 바쁘기는 매한가지였다.

최근 재일 동포는 3세와 4세가 주를 이루고, 5세까지 등장했다. 점점 식생활이 일본인과 같아지고 있다. 그렇지만 재일 동포 가정에서 의식적으로 한민족의 음식을 먹고자 한다면, 식탁에 김치, 나물, 부침, 탕, 불고기 등을 올릴 수 있다. 어릴 때부터 이러한 식습관을 길들이면 일본에 살더라도 우리 음식에 맛을 들일 수 있다. 또 우리학교를 다니면 급식을 통해 우리의 식생활과 식품을 자주 접하게 된다. 학교 행사나 학부모회 주최의 바자회에서도 김치와 불고기는 물론이고 김밥, 국수, 육개장, 소고깃국, 양념치킨, 비빔밥, 떡볶이, 떡국, 돼지수육, 삼겹살 등 우리 음식이 나오는 경우가 많다. 그렇게 우리학교 출신의 재일 동포는 우리의 식문화를 자연스레 익힌다. 민족교육은 우리의 식문화를 실천하는 것에서부터 시작된다.

훌륭한 일품요리

국

우리나라 국의 특징은 뭐니 뭐니 해도 다양함에 있다. 조선 시대 요리 책에 실려 있는 국과 현대의 국을 합치면 그 수가 101종에 달하며, 찌개까지 합치면 136종에 이른다(이성우,《한국 식생활의 역사》, 수학사, 1993년). 예로부터 육식 문화가 발달했고, 산이 많아 산채가 풍부하며, 삼면이 바다로 둘러싸여 있어 어패류가 풍부하고, 국에 빠질 수 없는 물이 맑고 풍부해 국 종류가 많다. 요리법 또한 꾸준히 발전했다. 즉 고기, 어패, 야채, 해초에 물을 넣고 조리해 큰 그릇에 담아 수저로 떠먹는 스타일이 정착했다. 우리나라 옛 요리 책들에 따르면, 고려 말기부터 조선 시대에 걸쳐 궁중 요리가 발전하면서 국이 다양해졌다고 한다.

우리나라에서는 국을 '탕'으로도 부른다. 국을 약으로 다루는 우리나라 중국의 관념을 드러낸 것이며, 다분히 고급 음식이라는 뜻을 담고 있다. 우리나라 국은 국물을 따로 우리지 않는데, 일본의 국과 다른 특징이다. 우리나라 국은 건더기가 그대로 국물 맛을 낸다. 국은 들어가는 건더기의 양에 따라서 국, 찌개, 전골로 나뉜다. 국의 건더기는 전체의 3분의 1 정도이며, 나머지는 국물이다. 냄비 요리인 전골의 건더기는 국물과 반반이다. 그리고 국을 국물 맛으로 나누면 맑은 국(주로 소금, 간장 등으로 맛을 낸다)과 진한 국(곰국처럼 오랜 시간 끓인 뼛국. 곰은 오랫동안 끓인다는 뜻이다), 된장이나 고추장으로 맛을 낸 토장국이 있다.

영양학 시간에 어느 학생이 내게 물었다.

"선생님, 특히 자신 있는 요리가 무엇입니까?"

"잘한다기보다 김치콩나물국을 좋아해서 자주 해 먹습니다."

"어? 국이 아니라 일품요리 중에서 잘하는 것이……."

"국도 우리나라에서는 훌륭한 일품요리입니다."

그러나 학생은 국을 '메인 요리'라고 생각하지 않는 듯 여전히 납득할 수 없다는 표정을 지었다.

김치콩나물국을 만들기 위해서는 먼저 김치를 볶아야 한다. 김치에 있는 당분과 아미노산이 볶는 과정에서 더욱 강하게 결합해 향과 맛을 높이는 마이야르 반응(Maillard reaction)을 일으키기 때문이다. 실제로 생김치와 볶은 김치를 비교하면, 볶은 김치의 풍미가 34% 강하다는 보고

가 있다. 그리고 김치와 잘 어울리는 성분, 즉 이노신산이 많이 들어 있는 돼지고기를 함께 볶으면 상승효과가 일어나 더욱 맛있어진다. 김치콩나물국은 돼지김치볶음과 같은 원리로 맛을 내는 것이다. 이렇게 볶은 김치에 콩나물과 이노신산이 풍부한 멸치액젓을 넣으면 중층적인 맛이 난다.

또 국에 넣은 식재료의 종류에 따라 영양 평가가 달라지므로 몸 상태에 따라 국의 종류를 선택할 수 있다. 예를 들어 대구탕. 대구는 지방이 적어서(0.2% 정도) 시원한 맛을 낸다. 또한 단백질이 많아서 국이나 탕을 끓이는 과정에서 나오는 많은 엑기스가 야채의 맛을 내는 성분과 어우러져 뛰어난 맛을 낸다.

한편 삼계탕은 닭의 배를 갈라 그 안에 쌀, 인삼, 대추, 마늘, 밤 등 몸에 좋다는 식재료를 넣고 푹 끓이는 보양식이다. 육개장은 본래 개장(狗醬)에서 유래한 음식이다. 지금은 주로 소고기로 만든다. 소고기는 부위에 따라 함량이 다르지만, 단백질과 지방을 풍부하게 함유하고 있다. 비타민 B2(성장 촉진, 세포 재생), 철(빈혈 예방) 등도 많다. 특히 알라닌(alanine)과 글루타민(glutamine)이 많다. 여기에 올레산(oleic acid, 불포화지방산의 한 종류)이 더해지면 풍미와 부드러움이 한층 좋아진다. 따라서 고사리, 콩나물, 부추, 토란줄기 등을 함께 넣으면 피로 회복과 기력 보강에 좋다. 또

(위) 푹 고아서 만든 소꼬리곰탕.
(아래) 오리고기로 만든 육개장.

국에 밥을 만 국밥(이렇게 먹는 방식은 세계적으로 드물다)은 영양학적으로도 완전식에 가까운 합리적인 일품요리라고 할 수 있다.

마지막으로 국을 먹기 위해서는 숟가락이 꼭 필요하다. 건더기가 많은 데다 밥까지 말면 젓가락으로는 도저히 먹을 수 없다. 건더기가 많은 국밥을 '합리적으로 먹기' 위해서는 숟가락이 안성맞춤이다. 우리나라에서 숟가락을 사용한 때는 4~5세기경까지 거슬러 올라간다(백제 무령왕릉에서 출토됨). 우리 민족의 숟가락 문화는 귀중한 음식 예절의 하나로 일찍부터 자리 잡았다.

최근 〈고독한 미식가〉라는 드라마가 인기를 끌고 있다. 현실에서 잠시 벗어나 음식의 맛을 좇는 고독함 또한 때에 따라서는 필요하다. 그렇지만 여럿이 둘러앉아 찌개를 가운데 놓고 숟가락으로 함께 떠먹는 맛을 나는 잊을 수 없다. 어떤 맛에도 뒤지지 않는다. 돌아오는 계절에 그 참신하고 깊은 맛을 느껴 보는 것은 어떨까?

2부

놀라운 맛에 감동하다

3억 년의 고대어를 먹다
철갑상어 요리

철갑상어 알을 소금에 절인 캐비아는 세계 3대 진미 중 하나로 알려져 있다. 철갑상어 또한 세계적인 고급어로서 중국에서는 '황제의 물고기'로 불리며 진상품으로 손꼽혀 왔다. 일본에서는 아직도 몇몇 레스토랑에서만 먹을 수 있는 진귀한 물고기다. 철갑상어는 상어라는 이름을 달고 있지만, 연골어류인 상어류에 속하지 않고 실러캔스(Coelacan-thiformes)*와 같은 고대 어종의 잔존종이라고 한다. 지구상에 출현한 3억 년 전부터 현재에 이르기까지 모습을 거의 바꾸지 않고 생명을 이어왔다는 사실에 놀라움을 금할 수 없다.

* 고생대 데본기에서 중생대 백악기까지 살았던 어류로 5000만 년 전에 멸종했다.

이름에서 알 수 있듯이 전체적인 특징은 상어와 비슷하다. 딱딱한 비늘이 철갑처럼 몸을 두르고 있어 철갑상어로 불리게 된 것이라고 한다. 몸길이는 보통 1~2m 정도이며, 큰 것은 5m를 넘는다. 100살 넘게 사는 것도 있단다. 철갑상어는 주로 강, 호수 등에 생식하는 담수어이고, 바다로 나가 성장하는 것도 있다. 전 세계적으로 약 30종이 있는데, 그중에 한반도의 강가나 해안가에 사는 것을 '조선철갑상어'라고 부른다. 최근 들어 마구잡이로 잡아들이는 '난획'으로 인해 멸종되지 않을까 걱정이다. 지금부터라도 양식을 본격화할 필요가 있다. 철갑상어는 머리부터 발끝까지 먹지 않는 부분이 없는데, 특히 생선회로 먹는 부위가 가장 맛있다. 지느러미, 간, 이리 등도 맛있는 부위로 알려져 있다.

2011년 우리는 옥류관 옆에 새롭게 증설한 옥류관 료리 전문식당에서 철갑상어, 자라, 메추라기, 민족 요리, 서양 요리 등을 풀코스로 먹었다. 옥류관은 앞서 이야기했듯이 평양을 대표하는 음식점이다. 1961년 개관한 옥류관은 평양시의 중심가인 중구역 대동강변의 옥류교에 자리 잡고 있다. 평양호텔에서 북쪽으로 걸어서 약 30분 거리다. 옥류관은 청기와를 얹은 합각지붕에 부챗살 모양의 서까래가 양쪽으로 날개를 편 학의 모습을 하고 있다. '옥류관(玉流館)'이라는 이름은 김일성 주석이 직접 지었다고 한다. 평

옥류관 옆 '료리전문식당' 수족관에서 유유히 헤엄치는 철갑상어.

양냉면으로 유명하지만, 숭엇국, 약밥, 신선로 등 민족의 전통 요리 또한 제공하고 있다. 2011년에 새로 들어선 료리전문식당은 탁 트인 통창으로 대동강 기슭을 한눈에 볼 수 있도록 설계했다. 그야말로 고급 요리를 즐기면서 대동강의 풍치를 만끽할 수 있는 최고의 명소다.

우리는 조선료리협회 요리사 양성 책임자인 지명희 선생의 주선으로 옥류관에서 고급 코스 요리를 맛보았을 뿐만 아니라 주방까지 견학했다. 관내는 벽이며 바닥이며 흰색을 기본으로 해서 사방이 빛나는 청량감을 느낄 수 있었고, 전체적으로 모던한 분위기를 자아냈다. 과연 하루 일만 명 이상의 인원을 수용하고도 남을 만큼 널찍했다. 옥류관의 총책임자는 먼저 수조에서 유유히 헤엄치고 있는 철갑상어와 수십 종의 물고기에 대해 설명한 뒤 우리를 주방으로 안내했다.

주방 안을 들여다보니 요리사들이 점심 식사 준비로 분주했다. 요리사들은 하얀 윗도리에 검은 바지를 입고 있었으며, 모자와 마스크, 녹색 앞치마를 착용했다. 위생 면에서도 철저한 전문가 분위기를 풍겼다. 그런데도 우리가 물어보면 잠시 일손을 멈추고 요리 내용을 차근차근 자세히 설명해 주었다.

그렇게 주방 견학을 마치고 소연회장으로 자리를 옮겼다. 그곳에는 치마저고리를 입은 여자 종업원들이 이곳저

(위) "이것은 좀 전에 수조에서 헤엄치던 철갑상어를 조리한 것입니다."
(아래) 치마저고리를 입은 종업원이 하나하나 나눠 준다.

곳을 분주히 움직이고 있었다. 저고리는 흰색을 기본으로 어깨 부분에 분홍, 파랑, 보라의 색색 가지 줄무늬가 있었고, 빨강의 소매에는 꽃 같은 무늬가 자수로 새겨져 있었다. 남색의 옷깃에도 꽃무늬 자수가 있었으며, 흰색과 감색의 고름은 곱게 매여 있었다. 치마 색은 밝은 빨강으로, 전체적으로 단아하고 청초한 이미지가 돋보였다. 우리가 앉을 테이블에는 이미 세팅이 끝나 있었다. 앉자마자 종업원들이 우리에게 다가와 차가운 물수건을 일일이 나눠 주었다.

메뉴는 철갑상어와 자라를 주재료로 한 코스 요리. 1인분 양이 많을 것 같아 반으로 줄여 달라고 부탁했다. 잠시 후 큰 접시에 가득 담긴 철갑상어 요리를 종업원이 들고 왔다.

"이것은 좀 전에 수조에서 헤엄치던 철갑상어를 조리한 것입니다."

그녀가 미소 띤 얼굴로 말했다. 요리에서 풍기는 향이 식욕을 돋우었다.

삶은 철갑상어에 굴 소스와 비슷한 소스가 잘 스며들어 있었다. 철갑상어를 직접 보는 것은 처음이다. 살은 희고 두툼했으며 예전에 먹은 쏘가리보다도 지방이 조금 더 많은 것 같았다. 정말 맛있어서 종업원에게 이 요리에 들어간 조미료가 무엇인지 물어보았다.

"기업 비밀이라 말씀드릴 수 없습니다."

단번에 거절당했다. 아쉽지만 어쩔 수 없었다.

고급 요리를 저렴한 가격에
자라 요리

철갑상어 요리에 이어서 자라 요리를 맛보았다. 일본에서 먹으려면 못해도 대략 1만 엔, 한화로 환산하면 약 10만 원은 있어야 한다. 북조선에서는 자라 요리를 영양가 높은 고급 음식으로 여긴다. 양식으로 많이 키우며, 누구나 먹을 수 있도록 자라 요리를 합리적인 가격에 제공하고 있다.

자라 요리를 먹으러 옥류관에 들어서기 전에 수조 안에서 점잖게 헤엄치는 자라 한 마리를 보았다. 가까이 다가가서 보니 자라가 내 쪽을 빤히 쳐다보고 있다. 수조의 다른 물고기들이 이리저리 헤엄치는 와중에 홀로 진중하게 노니는 자라를 기이한 기분으로 바라보는데, 총책임자가 다가와 설명해 주었다.

"이것은 관내 리뉴얼 때 김정은 원사로부터 선물 받은 것입니다."

과연 자라의 크기나 태도를 보아 그럴 만하다고 생각했다.

"그런데 우리가 먹을 자라는 어디에 있습니까?"

내가 물으니 주방으로 안내했다. 거기서 나는 수십 마리에서 뽑아냈을 양의 '자라 피'를 홀 중앙에 놓인 용기에 대량 주입하고 있는 장면을 목격했다. 나중에 식탁에 오르겠다고 생각하면서 연회장에 들어가 자리에 앉았다. 앉자마자 주방에서 본 자라 피가 등장했다.

자라 피는 탁월한 자양강장제다. 우리는 몸 상태가 좋지 않거나 쇠약한 사람, 그리고 희망자에 한해서 먹어 보기로 했다. 물론 나는 먹었다. 피비린내나 알코올 냄새가 거의 나지 않았다. 보통 자라 피를 마실 때 비린내를 없애기 위해 포도주나 포도 주스를 섞는데, 술 냄새도 나지 않았다.

다음으로 자라 간과 심장이 등장했다. 나와 학생들은 처음 본 탓에 저마다 호기심이 발동하고, 어떻게 먹는 것인지 궁금하기도 해서 가슴이 두근거리고 말수가 적어졌다. 일순간 정적이 흐르면서 연회장은 긴장된 분위기에 휩싸였다.

종업원은 간과 심장을 돌김에 싸서 먹으라고 친절하게 알려 주었다. 싸서 먹는 한민족의 식문화가 여기서도 발동하는가 싶었다. 왜 하필 돌김인지는 묻지 않았다. 하지만 미각적으로 돌김은 내장과 잘 어울렸다. 처음에는 저항감

(위) 여유작작한 관상용 자라.
(아래) 수십 마리의 자라에서 뽑은 피, 탁월한 자양강장제다.
희망자만 마시기!

때문에 전용 양념에 찍어 먹었다. 의외로 비린내가 전혀 나지 않았고, 일반 육류의 간처럼 매끈한 감촉을 느낄 수 있었다. 내가 먹으니 학생들도 주뼛주뼛 나를 따라서 입에 넣었다. 학생들은 미간을 찌푸리며 마지못해 입에 넣었다. 하지만 비린내가 전혀 없었으므로 아마도 탱탱한 식감만을 느꼈을 것이다. 입에 넣는 순간 입에 들어갔다는 감각만 체험했을 테다. 입에 넣고 꿀꺽 한번 삼킨 뒤에는 아무 일도 아니라는 듯한 표정과 안도의 표정을 번갈아 지어 보였다.

다음으로 자라로 만든 튀김과 국이 나왔다. 자라튀김은 색깔, 모양, 식감이 일본의 닭튀김과 비슷했다. 한 입에 먹기 좋은 크기였다. 쑥튀김도 곁들여 나왔다. 자랏국에는 채 썬 파만 둥둥 떠 있어서 자라의 살코기가 하나하나 보일 정도로 휑했다. 맛은 전체적으로 연하다. 식재료 본연의 맛과 향을 그대로 살리는 것에 중점을 둔 듯했다. 다른 조미료는 전혀 넣지 않아서 자라의 맛과 향에 집중할 수 있었고, 자라에 많이 들어 있는 콜라겐의 보들보들한 감촉을 맛볼 수 있었다. 또 자라를 푹 삶은 국의 진액이 온몸에 전달되어 몸을 따뜻하게 풀어 주는 느낌이었다.

계속해서 자라 통찜이 나왔다. 접시 위에 자라의 모양 그대로를 올렸다. 처음에는 주저했지만, 한 입 먹으니 탱글 탱글하고 부드러운 식감이 느껴졌다. 게다가 간장에 스며든 즙이 입안을 감돌면서 한 젓가락 두 젓가락 손이 가기 시작했다. 마지막으로 자라죽이 나왔다. 약간 싱거운 듯하게 조미료로 살짝 간을 해서 맛이 연하고 부드러웠다. 여느 죽처럼 자라에서 우러나온 국물과 쌀을 보글보글 끓여 만들었다.

자라는 중국을 비롯한 아시아에서 예로부터 자양강장제, 정력제, 영양제로 쓴 고급 식재료다. 콜라겐이 특히 많고 비타민, 미네랄 또한 풍부해서 건강식품으로 인기가 높다. "철갑상어와 자라를 동시에 이렇게나 많이 먹는" 사치를 누리다니! 해사한 웃음이 삐져나왔다.

배 속이 든든해진 우리는 연회장 밖으로 나갔다. 관내에는 많은 사람들로 북적였다. 물론 냉면을 먹으러 온 손님들이 다수였지만, 전문 식당에서 합리적인 가격으로 제공하는 코스 요리를 먹으러 온 사람들도 의외로 많았다. 일본에서 자라 요리는 매우 비싸서 일반 서민은 맛보기가 어렵다. 그런데 우리나라에서는 남녀노소 누구나 비교적 저렴하게 '고급 요리'를 맛볼 수 있을 뿐만 아니라, 건강식으로 즐길 수 있다. 이러한 한민족의 다채로운 음식 문화를 보는 것만으로도 나는 마음이 든든했다.

금강산의 특산물을 먹는 즐거움

조개 요리

지방 관광의 즐거움은 뭐라 해도 자연을 만끽하는 것과 특산품을 마음껏 먹는 데 있다. 금강산은 신선이나 선녀가 등장하는 몇몇 전설의 무대로서, 우리나라 최고의 명승지이다. 게다가 산삼을 비롯해서 도라지나 귀한 야생초가 도처에 깔려 있는 '음식의 보물창고'이기도 하다.

2009년 10월 이래로 남북 이산가족의 재회 장소, 우리 민족의 가장 광대한 관광지로서 금강산에는 많은 사람들이 모여들고 있다. 남북 이산가족 상봉 기간에 재일 동포들은 금강산 방문을 잠시 중단할 수밖에 없었다. "그 기간에는 금강산을 방문할 수 없다"라는 말이 재일 동포 사회에 소문처럼 떠돌았기 때문이다. 그러나 소문에 불과했다는 사실이 나중에 드러났다. 교통비와 입산료가 있어서 가기를 꺼리는 사람도 많았다고 한다. 그러나 2011년 6월 '금강산국제관광특구법'이 제정되면서 자유롭게 드나들기 시작했다.

　재일 동포들이 우리나라를 방문하는 목적은 다양하다. 1959년 12월 14일 시작된 귀국사업으로 원산과 니가타를 오간 만경봉호와 삼지연호는 재일 동포들의 조국 방문을 정례화하는 계기가 되었다. 조국으로 떠나보낸 자식과 친지를 면회하기 위한 방문이 이어졌다. 또한 우리학교와 조선대 학생들의 수학여행과 연수는 물론이거니와, 예술 분야의 기술 향상과 스포츠 교류를 위해서도 조국을 찾았다. 우리학교에서 우승한 축구팀, 농구팀은 북조선 팀과 친선 경기를 하기 위해 조국을 방문하기도 한다. 게다가 재일 동포들이 방문할 때마다 북조선 정부는 각종 편의를 제공하는 등 '환대'하기 때문에 자주 찾을 수밖에 없다.

　2013년 방문했을 때 나는 우리나라가 자랑하는 명승지인 금강산을 가 보기로 했다. 새벽부터 평양을 출발해서 원산으로 향했다. 전날 저녁 식사를 가볍게 해서 금강산으로 가는 길에 허기가 졌다. 우리는 도중에 조개를 사서 국을 끓여 먹기로 했다. 재빨리 가이드가 시장에 가서 들고 온 비닐봉지 안에는 큼지막한 조개가 잔뜩 들어 있었다.

　"이것은 무슨 조개입니까?"

　대합이란다.

　"응? 대합이 이렇게나 큽니까?"

놀라 소리쳤다. 서해에 비해 동해의 조개류는 전체적으로 크다고 한다. 말마따나 내가 아는 대합보다 1.5배는 큰 것 같다.

자, 요리를 할 차례다. 대합을 물로 씻어 솥 안에 넣고 입이 벌어질 때까지 팔팔 끓였다. 국은 특별한 간을 하지 않았다. 조개에서 나오는 우윳빛의 진한 즙과 짠맛이 저절로 간을 맞추었다. 매우 간단했다. 이 정도의 색과 맛을 내기 위해서는 숙신산(succinate)을 비롯해서 많은 성분이 필요한데, 조개가 크기 때문에 조개만으로 충분했다.

그 다음 날도 조개를 샀는데, 생김새가 개량조개(Mactra chinensis)와 비슷했다. 그러나 자세히 보면 모양이나 크기가 개량조개와는 조금 달랐다. 당시에는 이 조개의 이름을 알지 못했다. 운전사가 '마합(馬蛤)'이라고 알려 주었는데, 나중에 조사해 보니 '함박조개'였다. 마합은 북조선에서 말조개를 가리키는 말이다. 한반도에서 흔히 볼 수 있는, 강에서 서식하는 조개다. 함박조개는 개량조개에 속하는 바닷물조개다. 한반도의 동해와 남해, 일본의 태평양 연안에 주로 서식한다.

조개 가장자리에 모레가 많이 들러붙어 있어서, 입 부분을 열어 보려고 힘을 주었지만 여간해서 열리지 않았다. 함박조개도 지지 않으려고 필사적인 것 같았다. 입이 조금 열렸기에 손가락을 집어넣었는데 순간 입이 닫히면서 손

(위) 해금강의 절경을 꼭 사진에 담고 싶어서….
(아래) 우윳빛이 진한 대합조갯국.

가락이 물려 버렸다! 손가락이 조금 벌게졌지만, 그보다도 조개의 힘에 압도되고 말았다.

여하간 함박조개를 앞서와 마찬가지로 물에 팔팔 끓였다. 어제보다 진한 우윳빛 국물이 우러나왔다. 조갯살은 선홍빛으로 변해 있었다. 그런데 조갯살이 아주 두툼해서 씹을 수가 없었다. 조갯살을 먹으려면 고생 좀 해야 한다. 학생들은 이렇게 큰 조개를 보는 것도, 먹는 것도 처음이었다. 학생들은 소주를 소독용으로 한편에 조금 놓고 두툼한 조갯살을 오물오물 씹으면서 국물을 홀짝홀짝 맛있게 들이켰다.

우리나라에 체류할 때에는 거의 평양호텔에 머문다. 평양호텔 측에서 우리 입맛에 맞게 요리를 해 준다. 그래서 지방에 갈 때는 고유한 특산품으로 만든 음식을 찾아 먹으려 한다. 지방 여행에서 누릴 수 있는 또 하나의 즐거움이며, 모험심을 북돋을 수 있는 좋은 기회다.

차가워진 몸을 따뜻하게 데우다
금강산 섭죽과 가물칫국

원산의 송도원(松濤園) 호텔에서 숙박한 다음 날 금강산에 올랐다. 금강산은 누구나 한번은 가 보고 싶을 정도로 아름다운 산세로 유명하다. 알다시피 1만 2천 개의 봉우리가 펼쳐져 있고, 곳곳에 숨은 기이한 바위, 절벽, 폭포가 강과 호수, 바다와 어우러져 한 폭의 그림 같다. 금강산 최고의 매력은 역시 계절마다 다른 산의 표정이다.

금강산은 외금강, 내금강, 해금강으로 나뉘는데, 대체로 외금강은 남성적이고 내금강은 여성적이라고 표현한다. 아마도 외금강의 바위와 절벽이 거칠고, 강수량이 비교적 많아 폭포와 계곡 사이를 타고 흐르는 물이 콸콸 큰소리를 내며 흐르기 때문일 것이다. 이에 반해 내금강은 '계곡미'가 있다. 계곡 사이를 소리 없이 흐르는 물이 단아한 분위기를 자아낸다. 해금강에는 화산 활동으로 지표면에서 튀어나온 현무암이 냉각 응축하면서 동해안 가까이에 육각형과 팔각형의 돌기둥을 만들어 놓았다. 나는 해금강이 특히 좋다. 해금강에 가면 잠시나마 속세를 떠나 자연에 안긴 듯한 느낌을 받기 때문이다.

1991년 처음 해금강을 방문하고 20년이 지난 뒤인 2011년 다시 찾은 해금강의 매력은 여전했다. 변함없이 나를 반기는 해금강이 무엇보다 기뻤다. '금강산도 식후경'이라고 했던가! 금강산의 절경을 입이 닳도록 칭찬하는 가이드의 재미난 해설에 감탄하다 보니 배꼽시계가 끼니때를 알린다.

"모처럼 여기까지 왔으니 바다의 진미를 맛보는 것으로 합시다."

가이드와 저녁 식사를 어떻게 할 것인지를 상의하다가 이렇게 결론 내렸다.

금강산에서 원산으로 돌아오는 도중, 시중호(侍中湖)에 들러 해산물을 구하기로 했다. 시중호는 원산과 금강산 중간에 있다. 시중호의 반대편에는 해변이 있어서 여름에는 해수욕을 즐길 수 있다. 여름철 휴가객을 위한 휴게소도 있다. 우리는 시중호 둔덕에 있는 휴게소에서 메뉴를 정하고 밥을 먹기로 했다. 나는 해산물을 직접 요리하려고 조리 도구를 챙겼다.

"그것은 우리에게 맡겨 주십시오."

(위) 시중호의 반대편에는 해변이 있어서 여름에는 해수욕을 즐길 수 있다.

(아래) 시중호 앞에서 진을 치고 만든 섭죽.

우리는 휴게소 직원의 말을 따르기로 했다. 휴게소에서는 휴가객이 미리 방문 일정과 메뉴를 알려 주면 그에 맞추어 준비한다. 그날도 해수욕을 하러 온 러시아 대사관 직원 가족들이 휴게소에서 준비한 바비큐 요리를 먹고 있었다.

나는 이곳에서 어떤 해산물이 잘 잡히며, 어떻게 요리할 것인지를 물었다.

"섭죽(섭조개로 만든 죽)은 어떠십니까? 또 가물치로 끓인 매운 국을 만들어 보려 합니다."

"오호, 그거 좋습니다!"

우리는 바로 결정했다. 요리사들은 서둘러 죽과 국을 만들기 시작했다. 그동안 학생들은 시중호 앞바다에서 해수욕을 즐겼다. 9월 상순이라 수영하기에는 조금 서늘했지만, 학생들은 시원한 파도 소리를 들으며 신나게 놀았다. 이대로라면 오늘 저녁은 최고의 만찬이 되리라.

가물칫국은 주방에서 만들었다. 그러나 섭죽은 모래사장 한편에 진을 치고 장작불 위에 커다란 솥을 걸어 만들었다. 먼저 솥에 참기름을 두르고 쌀을 볶은 뒤 마늘과 섭조개, 물을 섞어 푹 삶는다. 잘 젓지 않으면 솥 바닥에 쌀이 눌어붙기 때문에 솥에서 눈을 떼선 안 된다. 잠시 후 섭조개의 주홍빛이 선명하게 우러나면서 바다 냄새가 풍긴다. 밥이 부드러워질수록 색감도 더욱 좋아진다. 이때 파,

소금, 후추로 간을 맞추면 끝이다.

때마침 가물칫국도 완성되었다. 밥상을 차리기 시작했다. 가물칫국은 매운탕처럼 국물이 매웠다. 잘게 썬 가물치의 살코기가 매운 국물 속에서 파, 푸성귀와 잘 어우러졌다. 마침 해가 뉘엿뉘엿 서쪽으로 기운 뒤라 날이 조금 쌀쌀했다. 학생들은 모닥불 주변에 모여 차가워진 몸을 따뜻하게 데웠다. 죽과 국을 먹으면서 뼛속까지 온기를 채울 수 있었다.

나는 조개로 만든 죽이 특히 좋았다. 지금까지 맛있다는 죽은 다 먹어 보았지만, 이번 섭죽은 흠잡을 데 없이 완벽했다. 학생들은 뭐라 표현할 수 없이 맛난 음식을 꿈결같이 먹었다. 죽 한 그릇을 먹어 치우고 더 먹을 수 있을까 했지만, 솥은 이미 깨끗했다. 아쉬웠다. 다행히도 가물칫국이 남아 있었다. 마지막을 내가 비웠다.

가물치를 일본어로 '라이교(雷魚)'라고 한다. 하지만 '가물치'라고 해도 통한다. 크기는 보통 50~60cm 정도이고, 1m를 넘는 거대어도 있다. 난폭한 성질에 날카로운 턱과 재빠른 몸놀림을 자랑하며, 자기보다 큰 먹잇감도 지체 없이 공격해서 잡아먹는다. 과연 우리나라에서 맹어(猛魚)라고 불리는 쏘가리보다도 기질이 난폭하다. 양식도 많이 하고 있고, 관상용으로도 인기가 높다.

이번에 국으로 해 먹은 가물치는 쏘가리보다 담백하고

살도 단단했다. 가물칫국의 조리 과정을 볼 수 없어서 정말 아쉽다. 다음에는 꼭 생선회로 먹고 싶다. 그래서 쏘가리와 '맛 대결'을 펼쳐 보이고 싶다.

이제부터 우리에게 맡겨 주세요
해금강 해산물 요리

북조선에서는 2012년 김일성 주석의 탄생 100주년을 맞이해 인민 생활 향상을 슬로건으로 내걸었다. 그 뒤 농업, 경공업을 중심으로 한 눈부신 경제 발전을 거듭하고 있다. '경제대국'이라고 불리는 나라로부터 경제 제재를 당하면서도 자력으로 발전하고 있는 북조선은 과연 강성국가(強盛國家) 그 자체다.

그중 하나를 꼽자면 "행복의 상징", "문화적인 생활수준의 고양"을 나타내는 '종합 서비스 오락 시설'이 연이어 건설되고 있다. 종합 서비스 오락 시설이란 매일의 노동과 스트레스에서 벗어나 다양한 종목의 운동을 한곳에서 할 수 있는 시설이다. 예를 들어 트레이닝 헬스, 스쿼시, 수영, 달리기 등을 한곳에서 돌아가면서 즐길 수 있다. 또 땀을 흘린 뒤에는 몸을 씻을 수 있으며, 사우나를 하거나 마사지를 받을 수도 있다. '아름다움'에 대한 관심은 세계 어디서나 마찬가지다. 그래서 이 시설 안에 있는 피부 미용실은 꽤 인기가 높다. 게다가 잘 꾸며 놓은 식당에는 개인실, 단체실 등이 있어서 다양한 식사 모임을 할 수 있다. 최근에는 종합 온천 레저 시설인 양덕온천문화휴양소가 개장했다. 온천은 물론 스키와 승마를 즐길 수 있다. 향후 골프장도 들어설 예정이어서, 사람들에게 새로운 문화 시설로 자리 잡을 테다.

몇 년 사이 음식점의 숫자가 이전과 비교해서 현격히 늘었고, 현지인들로 활기찬 가게도 여럿 볼 수 있다. 지금까지 우리나라는 경제 제재 때문에 식당 운영이 쉽지 않았다. 그래서 재일 동포들로부터 투자를 받아 운영하는 식당이 적지 않았다. 그러나 최근 '자력갱생' 슬로건에 따라 스스로의 힘으로 운영하는 점포와 식당이 점차 늘어나고 있다.

이러한 상업 여가 시설의 증가와 더불어 봉사(서비스) 분야에서 외국인 환대가 주요하게 떠오르고 있다. 이에 따라 서비스 기술 향상에 힘을 쏟고 있다. 지방 또한 예외가 아니다. 바다, 산, 강 등의 관광지에 찾아오는 국내외 손님들을 대접하는 마음 씀씀이는 물론이거니와, 특산물이나 지방의 특색을 살리는 독특한 서비스가 점차 늘어나고 있다.

이제 지방 관광에서 받은 인상을 이야기해 보겠다. 금강산의 주요 등산 코스 중 하나인 구룡폭포에서 상팔담(上八

(위) 구룡폭포에서 한 컷!

(아래) 호텔에서 준비한 도시락을 맛있게 먹는 학생들.

潭)으로 이어지는 길은 가장 인기 있다. 구룡폭포는 높이가 약 100m에 이르고 길이가 74m다. 구룡폭포의 용소(龍沼)를 구룡연(九龍淵)이라고 하는데, 금강산을 지키는 아홉 마리의 용이 이 용소에 살았다는 전설에서 유래한다. 구룡연에서 약 700m를 오르면 구룡대가 있다. 구룡대에 올라 아래를 내려다보면, 염주처럼 연결된 8개의 담소가 있다. 옛날 금강산에 여덟 명의 선녀가 이곳에 내려와 멱을 감았다는 전설이 남아 있다.

2019년 금강산을 찾았을 때 이것이 마지막일지도 모른다는 생각으로 상팔담을 보기 위해 구룡대로 올랐다. 겨우 700m에 불과하지만, 경사가 큰 계단을 젊은이도 헉헉거리면서 올라가는지라 나이와 몸 상태를 충분히 고려한 뒤에 등반을 결정해야 한다.

약 30분 만에 오른 구룡대에서 바라본 경치는 '절경'이라는 한마디로 표현할 수 없다. 무엇보다 위에서 내려다본 상팔담의 에메랄드그린이 너무나 매혹적이다. 당장 멱을 감으면 아름다워질 것 같은 착각에 빠질 만큼 자연미를 만끽할 수 있다. 잠시 멈추면, 강한 바람에 땀이 금세 식어 몸이 차가워지고 심장박동이 서서히 가라앉는다. 눈앞에 구름 하나 없는 푸른 하늘과, 서로 경쟁하며 우뚝 솟은 기묘한 바위들이 펼쳐진다. 학생들은 피곤해서인지, 아니면 절경을 보고 감동해서인지 아무 말이 없다. 몇몇 학생들은 발

해금강에서 잡은 말똥성게, 그 자리에서 깨 먹었다.

판이 좁아 위험한 곳에서 사진을 찍겠다며 와자지껄 떠든다. 앞으로 이런 기회가 다시는 오지 않으리라는 생각에 학생들 모습과 금강산 절경을 여러 장의 사진에 담았다.

내금강, 외금강이 산악과 계곡의 아름다움을 보여 준다면, 해금강은 투명한 바다와 바위에 부딪히는 물보라가 아름다움을 선사한다. 그러한 절경을 바라보면서 바다의 진미를 맛보는 순간만큼은 고관대작도 부럽지 않다. 이것이 금강산이 제공하는 최고의 서비스가 아닐까?

게다가 금강산에서 먹은 음식은 당일 잡은 해산물로 조리한 것들이다. 우리가 구입한 물고기는 모두 근해에서 잡아 올린 것이다. 분홍성게, 말똥성게를 그 자리에서 잡아 회를 떠 주었다. 분홍성게는 북해도, 오호츠크해 연안에서 잡히는 척삭동물(脊索動物)이다. 말똥성게는 북해도에서 동해에 걸쳐 생식하는 극피동물(棘皮動物)이다. 그 외에 떡조개, 농어가 나왔다.

"자, 이제부터 우리에게 맡겨 주세요!"

요리할 서너 명의 남자들이 생글거리며 소매를 걷어붙이고 작업에 들어간다. 바닷가에는 어패류를 다룰 수 있도록 넓적한 돌로 만든 야트막한 조리대가 있었다. 조리대에는 솥을 앉히고 장작불을 지필 수 있는 아궁이 같은 곳이 있다. 불을 지피는 남자들 옆에서 내가 버너를 꺼내자 "시간이 단축되니 아예 이걸 사용합시다"라고 한다. 양동이에 가득 담긴 떡조개는 재빨리 껍질과 속살을 분리하고 말똥성게도 반을 갈랐다. 분홍성게는 껍질을 떼어 내고 고운 주황빛의 속살을 먹기 좋도록 크게 썬 뒤 바닷물로 깨끗이 씻었다. 떡조개의 신선함은 오돌오돌한 식감으로, 분홍성게와 말똥성게는 속살의 투명도로 신선도를 알 수 있다.

학생들은 호텔에서 싸 준 도시락(이것 또한 서비스)을 순식간에 먹어 치우고, 쉬지 않고 해산물을 입 안 가득 넣었다. 해산물을 마음껏 누리고 즐길 수 있는 여유를 가지고 천천히 그 향과 맛을 음미하는 평화로운 식사를 하는 것, 인간에게 이보다 더 큰 소중함이 있을까? 이 소중함을 느끼게 해 준 공간, 시간, 자연의 맛과 향, 그리고 현지인의 환대. 생각하지도 못한 지상 최고의 서비스를 경험한 순간이었다.

어떻게라도 들어가고 싶었던 전문 식당

메깃국

2014년 3월, 엄혹한 한파가 물러가고 봄날의 화사한 기운이 느껴질 즈음 우리나라를 방문했다. 이번에는 업무 목적이 아니라 평양에 있는 언니와 함흥에 사는 사촌 여동생들을 만나기 위해서였다.

이제까지는 여름에 우리나라를 방문한 경우가 많았다. 왜냐하면 여름방학을 이용한 학생들 연수가 목적이었기 때문이다. 대체로 조선대 학생들의 단기연수는 보통 4월에서 10월에 걸쳐 이루어진다. 학기 중에 가는 다른 학과, 학부도 있지만, 내가 가르치는 생활과학과는 사정상 여름에 갈 수밖에 없다.

그래서 우리나라의 봄이 어떤 분위기인지 늘 궁금했다. 봄에 간다고 하니 가기 전부터 마음이 설렜다. 그렇지만 봄에 우리나라를 방문하는 재일 동포가 거의 없어 나 홀로

(위) 모란봉을 향하면서, 봄날의 대동문.
(아래) 함흥에 사는 사촌동생들.

떠난다고 생각하니 마음 한 켠이 허전했다. 여하간 혼자 떠나는 여행이므로 자유롭게 봄의 숨결을 만끽하자고 다짐했다. 우선은 '근대화된 평양을 실컷 돌아다닌다'라는 테마로 평양 이곳저곳을 걷기로 했다. 나는 마음 가는 대로 대동강 산책로는 물론이거니와 고려호텔 주변을 자주 산책했다.

중구역에 위치한 고려호텔은 평양역을 왼쪽에 끼고 오른쪽으로 돌면 나온다. 평양호텔에서 나오자마자 오른쪽으로 틀고 왼쪽으로 쭉 가다 오른쪽에 보이는 교차로를 따라가면 고려호텔이 있다. 평양호텔의 서쪽에 있는 셈이다. 고려호텔에서 모란봉에 가기 위해서는 대동강 강변을 따라 북쪽으로 가야 한다. 가는 길에 조선미술박물관이 있고, 김일성광장이 왼쪽에 있으며, 대동강을 사이에 둔 오른쪽에 주체사상탑이 서 있다. 그리고 대동문과 옥류관을 지나 한참 걸으면 모란봉극장, 김일성경기장, 개선문이 차례대로 나오고, 오른쪽에 개선청년공원(놀이공원)이 있다. 이 일대를 모란봉구역으로 부른다.

평양호텔에서 모란봉으로 가는 산책로는 빠른 걸음으로 50분이면 완주할 수 있다. 처음에는 날이 쌀쌀해서 몸이 으슬으슬했지만, 모란봉에 도착했을 때는 온몸에 땀이 배어 기분 좋은 피로감을 맛볼 수 있었다. 어쩐 일인지 지난겨울은 예년에 비해 춥지 않았고 봄도 조금 일찍 왔다고

살은 단단하고 껍질은 흐물흐물한 메기탕.

현지인이 말했다. 산책로 주변의 살구나무와 개나리에 꽃봉오리가 서서히 올라오는 것을 보니 완연한 봄이 멀지 않았다.

평양 거리를 돌아다니다가 어떻게라도 들어가고 싶은 가게가 생겼다. 메기 전문 식당이다. 모란봉 앞 릉라도(綾羅島)에는 릉라인민유원지, 5·1경기장, 곱등어관이 있는데, 그 근방에 자리하고 있다. 메기는 몇 오라기의 수염이 양쪽으로 길게 늘어진 모습의 그로테스크한 물고기다. 하지만 생선 살이 담백하고 맛있다는 소문을 몇 번 들은 적이 있다. 일본에서는 메기를 좀처럼 먹을 수 없어서 더더욱 호기심이 일었다.

나는 가이드에게 매운 메깃국을 먹을 수 있겠냐고 물었지만, 단번에 거절당했다. 해외 동포나 외국인 관광객은 입장할 수 없고 현지 사람들만 이용할 수 있는 음식점이었다.

"꼭 부탁합니다!"

다시 한 번 간곡히 청하니 마지못해 들어 준다.

그리하여 언니, 조카, 조카의 아기까지 점찍어 둔 그 가게에 함께 가게 되었다.

가게는 곱등어관에서 가까운, 매우 경치 좋은 곳에 있다. 가게 앞에는 봄이 오기를 기다리는 나무들로 둘러싸인 모란봉과 대동강이 한 폭의 그림처럼 뭐라 말할 수 없이 아름다운 풍경을 연출하고 있었다.

서둘러 가게 안으로 들어가니 바로 종업원이 나와 안내한다. 처음에는 김치, 나물, 더덕구이가 나왔고, 마지막으로 매운 메깃국이 나왔다. 메기 한 마리를 토막 내어 만들었기 때문에 국이 한 솥 가득했다. 여럿이 먹기에 충분했다. 우리는 모처럼 특별 주문해서 먹는 것이기에 남기지않고 다 먹었다.

메기 살은 도톰하고 상상보다 단단했다. 다만 껍질과 그주변은 콜라겐이 많아 흐물흐물한 식감을 느낄 수 있고, 맛또한 좋았다. 국은 고추장을 풀어 만들었는데, 결코 진하지않은 먹기 좋은 매운 맛이었다. 3~4cm 크기로 자른 생선살과 1cm^3 크기의 목면두부 그리고 고사리, 파, 은행, 무까지 들어가 보기에도 푸짐했다.

메기는 고대부터 세계적인 식용어로서 중국, 한반도, 일본을 비롯해 동아시아의 하천이나 호수에 살며 다른 물고기나 갑각류를 잡아먹는 경골어류다. 동아시아 일대의양식어 생산량 145만 톤 중에서 30만 톤이 메기라고 한다. 단백질, 비타민A, 비타민B1, 비타민B2, 칼륨, 엽산 등이 많아 피로한 눈과 거칠어진 피부 회복에 도움을 준다.또 이뇨 작용과 소화 작용이 뛰어나 성장 촉진에도 좋다고한다.

메기 가바야키(蒲燒)˚도 맛있기 때문에 일본에서 멸종위기종인 장어를 대체할 수 있다. 앞으로 기대해도 좋지 않을까?

• 생선을 꼬챙이에 꽂아 초벌구이를 한 다음 양념을 치고 다시 구워낸 요리. 일본에서는 가바야키라고 하면 보통 장어 가바야키를 가리킨다.

놀라운 맛에 감동하다

쏘가리 요리

'쏘가리'라는 이름을 일본에서는 거의 못 듣는다. 쏘가리는 한반도를 비롯해 중국 동부와 동북부 지역에서 널리 생식하고 있다. 하지만 일본에서는 특정외래생물(제2차 지정종)로서 쏘가리 활어의 운송이나 관리를 원칙적으로 금지하고 있다. 한반도에서는 한강, 묘향산에서 시작되는 청천강, 대동강 유역 등에 분포한다. 쏘가리는 민물고기로서 수질이 비교적 깨끗하고 유속이 빠른 큰 강의 중류 지역에서 주로 서식한다.

다 자란 쏘가리는 길이가 30~40cm 정도이다. 중국에 분포하는 쏘가리와 비교하면 몸통이 홀쭉하고 주둥이는 튀어나와 있으며 입이 크다. 꼬리지느러미는 부채처럼 원형이며, 배지느러미는 앞뒤의 형태가 다르다. 앞부분에는 날카로운 가시가 있다. 몸 색깔은 담갈색, 암갈색이며, 호피 무늬의 불규칙한 검은 점들이 박혀 있다. 주변 환경과 구분할 수 없게 보호색을 띤다. 바위 밑에 조용하게 숨어 있다가 작은 물고기 같은 먹잇감이 나타나면 맹수처럼 튀어나와 순식간에 잡아먹는다. 물고기 세계의 사냥꾼, 즉 맹어(猛魚)다.

중국에서는 쏘가리를 찌거나, 밀가루에 묻혀 튀겨 먹는다. 예로부터 조선에서는 포획량이 적은 고급어라서 귀하게 취급했다. 깊은 산골에 은거해 학문의 도를 닦는 선비나 문인을 상징하는 고귀한 물고기로 사랑받았고, '궁궐에 출입하는 높은 관직에 오르기'를 바라는 마음을 담아 쏘가리를 그려서 친구에게 선물하기도 했다.

우리나라에서는 쏘가리를 매운탕이나 회로 먹는 경우가 많다. 내가 쏘가리를 처음 본 것은 지금으로부터 16년 전, 조국 방문에서다. 물론 조선대학교의 자연박물관에 표본으로 소장되어 있지만, 살아 있는 쏘가리를 본 것은 그때가 처음이었다.

"오늘 아침 묘향산에서 내려온 첫 물고기입니다."

평양호텔 레스토랑에서 나온 아침 식사에 담당 가이드의 설명과 함께 쏘가리가 나왔다. 그 맛을 소문으로만 들어서 가이드에게 꼭 먹어 보고 싶다고 몇 번이나 부탁한 끝에 이뤄낸 성과다! 너무 기뻐서 나모 모르게 "와, 지금 먹어도 됩니까?"라고 소리를 질렀다.

쏘가리를 입에 넣는 순간의 그 기억을 잊을 수가 없다. 강에서 나는 '천연 참돔'이라고나 할까?

쏘가리를 입에 넣는 순간 놀라운 맛에 감동한 그때의 기억을 지금도 잊을 수 없다. 민물고기 특유의 비린내가 전혀 나지 않았다. 담수어에서 좀처럼 맛보기 힘든 맛이었다. 말하자면 강에서 나는 '천연 참돔'이라고나 할까? 오도독 씹히면서 입안을 감도는 깊은 맛. 그 후로도 한 번은 꼭 다시 먹고 싶다는 생각을 지울 수 없어 조국을 방문할 때마다 쏘가리를 찾았다. 하지만 먹지 못해 포기할 즈음 2011년에 쏘가리를 먹을 수 있었다.

그해에도 담당 가이드에게 쏘가리를 맛본 기억에 대해 열을 내서 이야기하면서, 묘향산에 가면 꼭 먹어 보자고 간절히 청했다. 가이드는 묘향시장(주로 일반 서민이 이용하는, 식재료와 잡화를 판매하는 노천 시장)으로 안내했다. 묘향시장에서 큰 것, 작은 것 섞어서 쏘가리를 2kg 넘게 구입했다. 이제까지 내가 가 본 통일시장과 향산시장은 큰 광장에서 다양한 식재료, 잡화, 일용품 등을 파는 일종의 대형 마트라고 할 수 있다. 이런 큰 시장이 아닌 작은 가게는 평양 시내 곳곳에 있다. 작은 가게에서는 군고구마, 떡, 김밥 같은 간편식이나, 음료수, 아이스크림, 과자, 과일 등을 판다. 가게 안은 물건을 진열하고 남은 공간에 한두 사람이 들어가면 꽉 찬다. 나는 이런 가게에서 군고구마, 아이스크림, 꽃, 과일 등을 산 적이 있다. 평양의 일반 시민들을 위한 가게라서 해외 동포나 외국인이 물건을 사려면 반드시 가이드의 안내를 받아야 한다.

여하간 묘향시장에서 구입한 쏘가리를 가지고 바로 희천의 어느 호텔 주방으로 직행해 매운탕을 만들기 시작했다. 그러나 나는 물론이거니와 주방장 또한 쏘가리를 처음 다루는지라 요리가 쉽지 않았다. 무엇보다 자꾸 손에서 미끄러지고 밀려났다. 보통은 소금으로 미끌거림을 잡을 수 있다고 하는데, 소금으로 문질러도 허사였다. 또 배지느러미와 꼬리지느러미가 날카로워서 손질하다가 가시에 찔리기도 했다. 그러나 주방장과 힘을 합쳐 겨우겨우 15마리를 손질했다. 큰 쏘가리의 배 안에 치어가 들어 있기도 했다. 주방장은 일석이조라며 기뻐했지만, 나는 과연 '무서운 물고기'라고 생각하며 고개를 끄덕였다.

매운탕에 고추장이 빠질 수 없다. 호텔에서 직접 만든 고추장을 사용했다. 메주로 만들었기 때문에 맛이 각별했다. 지금까지 먹어 본 고추장 가운데 가장 맛있다고 단언할 정도다. 그런 고추장으로 만드는 것이니 쏘가리매운탕 맛은 말할 필요 없다. 쏘가리의 감칠맛과 고추장의 매운맛이 절묘하게 어우러져 일본에서는 맛볼 수 없는 최고의 매운탕이 만들어졌다. 가이드와 학생들에게 대접한 쏘가리매운탕은 순식간에 동이 났다.

한국에서는 현재 한강의 황쏘가리를 천연기념물 제190호로 지정해 어획량을 제한하고 있다. 그 외 쏘가리는 강태공의 민물낚시 어종으로 선호되고 있다고 한다. 우리나라에서도 일부 낚시 애호가들이 쏘가리 낚시를 즐기고 있지만, 난획은 금지하고 있다. 우리나라 쏘가리는 다른 어디에서도 맛볼 수 없는 훌륭한 고급 담수어다. 다음에도 꼭 먹어 보자.

체력의 원천
추어탕

추어탕은 '미꾸라짓국'이라고도 하는데, 말 그대로 미꾸라지로 만든 탕이다. 일본에서 미꾸라지를 우엉이나 무와 함께 된장에 풀어 끓이는 야나가와나베*와 거의 비슷하다. 미꾸라지를 뜻하는 추어(鰍魚)나 도조(泥鰍)는 중국어에서 유래했으며, 현재 동아시아의 여러 나라에서 식재료로 두루 쓰이고 있다.

미꾸라지는 벼농사가 번성한 조선과 일본의 논이나 진흙에서 쉽게 잡을 수 있는 민물고기였다. 맛있고 구하기 쉬워서 가장 친숙한 대중어로서 사랑받았다. 그러나 산업사회로 접어들면서 논의 개발과 농약 사용 등으로 급격히

---

* 야나가와나베(柳川鍋)는 냄비에 우엉을 깔고 그 위에 미꾸라지를 얹어 끓인 뒤 달걀을 풀어서 먹는 나베(냄비) 요리의 일종이다.

174

개체수가 줄어들어, 지금은 양식에 의존하는 고급어가 되었다.

미꾸라지는 산란기 이전의 6~7월이 제일 맛있다. 그래서 더위를 극복하는 스테미나 음식으로 사랑받았다. 또 뱀장어와 비교해 미꾸라지에는 비타민B2, 칼슘과 철분이 다량 들어 있고, 특히 철분 함유량은 약 11배에 이른다.

나는 어린 시절 야나가와나베를 여러 번 먹었고, 추어탕은 딱 한 번 먹었다. 야나가와나베는 간장을 기본으로 해서 약간 달달하게 국물 맛을 낸다. 밑이 납작한 냄비에 미꾸라지가 놓여 있고, 반숙의 풀어진 달걀이 그 위에 얹혀 있던 기억이 난다. 반면 추어탕은 안타깝게도 쓴맛만 기억에 남아 있다.

조선 시대의 요리 책에 추어탕은 실리지 않았지만, 19세기 중반의 어느 백과사전˚에 '추두부탕(鰍豆腐湯)'이라는 음식이 나와 있다. 그 글의 내용을 요약하면 다음과 같다.

'미꾸라지를 맹물에 넣어 하루 3차례, 5~6일 동안 물을 갈면서 진흙을 토하게 한 뒤, 솥에 두부를 몇 개 넣고 미꾸라지를 50~60마리 넣어 불에 올리면 미꾸라지가 뜨거워

˚ 19세기의 학자 이규경(李圭景, 1788~1863)이 쓴 일종의 백과사전인 《오주연문장전산고(五洲衍文長箋散稿)》를 말한다. 총 60권 60책으로 구성되어 있다.

(위) 시장에서 본 미꾸라지.

(아래) 미꾸라지를 통째로 으깨 만든 추어탕은 쓴맛과 가시의 식감
이 좋다

서 두부 속으로 기어 들어간다. 솥을 더 뜨겁게 달구면 미꾸라지가 두부 안에서 날뛰면서 죽는다. 이것을 자른 다음 참기름으로 볶아서 국으로 만든다. 색다른 맛을 즐길 수 있다.'

고통스럽게 죽는 동물의 모습을 지켜보고, 그것을 먹는 인간은 세상에서 가장 잔혹한 생물일지도 모른다. 어쨌든 추어탕은 그대로 먹을 수도 있고 으깨서 먹을 수도 있다. 서울과 경상도가 유명한데 서울에서는 그대로, 경상도에서는 으깨서 국으로 만들어 먹는 경우가 많다. 내가 우리나라 식당에서 먹은 추어탕은 으깬 것이다.

국 옆에는 마늘, 파, 풋고추 같은 향신 채소와 참기름, 양념 등이 곁들여져 있어 입맛에 맞게 맛을 조절할 수 있다. 우선은 어떤 채소나 양념도 넣지 않고 그대로 먹어 보았다. 살코기와 가시의 식감이 느껴지는데, 그것대로 좋았다. 약간 걸쭉한 맛에 진한 쓴맛이 더해져서 질리지 않았다. 거기에 향신 채소와 양념을 넣었다. 단 향내와 쓴맛의 융합을 방해하지 않을 정도로 넣어 먹어 보았다. 이것도 이것대로 괜찮았다.

다시 싱겁게 만들기 위해 국물을 더 달라고 했더니 뜨거운 국물을 부어 주었다. 학생들의 테이블을 보니 대부분 남아 있었다.

'아, 아까워.'

추어탕은 어른들 입맛에 맞는 음식임을 깨닫는다.

어느 날 나는 우리나라에 사는 언니와 식사를 하면서 학생들이 추어탕을 남긴 이때의 일을 이야기했다. 그러자 언니는 딱 두 번 추어탕을 만들어 보았다면서 이렇게 말했다.

"나도 좋아하지 않아."

언니는 일본에서 먹어 본 적이 없어서 동네 아줌마한테 만드는 방법을 알아냈다고 한다. 100마리 정도 구입해서 한 마리씩 다듬고 갈아서 으깬 다음 여러 가지 야채를 넣어 국을 만들었다. 언니의 시아버지와 친정 부모가 따로 우리나라에 왔을 때 각각 한 번씩, 그렇게 딱 두 번. 언니는 나름 정성껏 대접한 그때의 그리움을 떠올렸다.

정상들의 만찬
대동강수산물식당

대동강수산물식당은 2018년 9월에 문재인 대통령이 평양을 방문했을 때 김정은 위원장과 만찬회를 한 장소로 많은 주목을 받았다.

그 무렵 조국 강습을 거의 끝낸 나와 학생들은 우연한 계기로 이 빅뉴스를 접했다. 우리나라에 도착하면 가장 먼저 가이드와 강습 일정을 상의한다. 그 자리에서 나는 가이드에게 일정 중반부에 잠깐 휴식을 가질 겸 대동강수산물식당에서 식사 모임을 할 수 있겠느냐고 물었다.

"좋습니다. 내 아내가 그곳 직원으로 일하고 있습니다."

가이드는 웃는 얼굴로 흔쾌히 내 제안을 받아들였다. 그러고서 얼마 뒤 식사 모임의 예산과 메뉴에 대한 구체적인 사항을 조율하려고 가이드에게 다시 이야기를 꺼냈다.

"실은 막 개장해서 실내 장식이나 기구를 정비하느라 당분간은 식당 영업을 하지 않는다고 합니다. 다른 식당을 찾아봅시다."

나는 식사 모임 일정을 조정하자고 제안했지만, 가이드는 대답을 얼버무렸다. 조금 이상했다. 가이드는 시치미를 뚝 떼고 아무 일도 없는 것처럼 말했지만, 나는 확실히 뭔가 일이 있음을 감지했다. 끈덕지게 설득했지만 허사였다. 어쩔 수 없이 현지를 잘 알고 있는 가이드에게 다른 식당을 소개받았다(이 식당은 뒤에 나오는 삼계탕 전문점이다).

강습이 거의 끝날 즈음에는 가이드가 조금 들뜬 듯했다. 더욱이 다른 곳에서 들려오는 정보로는 가이드의 아내가 요 며칠 일 때문에 집에 들어오지도 않는다고 한다. 이것 또한 괴이했다. 나중에 알고 보니 이 모든 정황은 북남정상회담의 역사적인 개최 때문이었다. 그 만찬 장소가 바로 대동강수산물식당이었다. 가이드의 아내는 이 행사를 준비하느라 연일 집에도 들어가지 못한 것이다. 그렇게 2018년에는 대동강수산물식당에서 식사할 기회를 놓쳤지만, 올봄(2019년) 태양절료리축전에 참가하면서 비로소 이 식당을 방문했다.

전 세계에 이름을 알린 대동강수산물식당의 특징은 뭐니 뭐니 해도 1층 플로어 전체가 수족관을 방불할 만큼 엄청나게 큰 수조에서 철갑상어를 비롯한 대형 어류가 살고 있다는 점이다. 손님들이 먹고 싶은 물고기를 선택하면 그 자리에서 요리해 준다. 더욱이 2층에는 약 50종의 냉동식품과 가공식품 등을 진열하고 있고, 민족 료리 식사실, 가족 식사실, 서양 료리 식사실, 중화 료리 식사실, 소연회장 등 다양한 방이 있다. 3층에는 커피나 청량음료를 마시는 라운지, 평양 시내가 보이는 간이식당, 발코니 등 세련된 공간이 있다.

나는 청년들과 인기 있는 간이식당에서 식사하기로 했다. 반짝반짝 장식한 식당 안에는 우리나라 요리뿐만 아니라 서양식 요리, 중화 요리 등이 큰 접시마다 가득 담겨 있었다. 룡정어*와 연어를 즉석에서 회 떠서 만든 회와 초밥, 무지개송어 오시즈시**, 돼지갈비와 토마토찜, 고수샐러드 등이 테이블 위에 놓여 있었다.

평양의 아름다운 야경을 감상하면서, 룡성맥주를 유리잔에 콸콸 붓고 건배를 나눈 뒤 한 모금을 들이켠다. 룡성 맥주는 1970년대 초 상표를 달고 출시된 우리나라 최초의 맥주다. 그 뒤를 이어 1980년대에 봉학맥주, 금강맥주, 평양맥주 등이 출시되었다. 그때까지 북조선 맥주는 거품이

• 독일에서 인위적으로 개량한 잉어를 말하며, 향어라고도 한다. 등지느러미의 아랫부분에만 비늘이 있어서 가죽잉어(leather carp)라는 별칭이 있다.

•• 오시즈시(押し寿司)는 일정한 모양의 형틀에 회와 밥을 넣어 눌러서 썬 초밥을 말한다.

181

대동강수산물식당 1층 플로어에서.

(위) 반짝반짝 장식한 뷔페 형식의 식당.
(아래) 평양의 야경을 바라보면서 여러 나라 요리를 맛보았다.

거의 없고 감칠맛과 단맛이 주로 나며 갈색이 주를 이뤘다.

2002년 김정일 총서기는 완전히 새로운 맥주를 생산하도록 맛과 생산량, 병의 재질 등 구체적인 사항까지도 지시를 내렸다. 그 결과 탄생한 것이 대동강맥주다. 대동강맥주는 그 획기적인 맛으로 일대 붐을 일으켰다. 실제로도 맥의 종류와 배전법, 효모의 종류, 홉의 양, 제조 방법 등이 이전과는 차원이 달랐다. 덩달아 다른 상표의 맥주 맛도 좋아졌다. 그래서 이곳은 가족과 연인들로 언제나 활기차다.

가깝고도 먼 조선과 일본의 조리법
육회와 생선회

평양역 앞에 있는 식당 이름은 말 그대로 '역전식당'이다. 재일 동포가 운영하는 음식점으로, 일본 관광객이나 재일 동포 방문단이 자주 이용한다고 들었다. 일본인과 재일 동포는 물론이고 귀국사업을 통해 일본에서 귀국한 사람들 또한 그리움을 달래기 위해 자주 들른다고 한다. 내 언니도 자주 이용하는 듯하다. 그래서인지 평양에서 일본 요리 식당을 심심찮게 만날 수 있다.

귀국사업은 앞에서 잠깐 말했다시피 재일 동포들이 일본 사회에 만연한 차별과 멸시를 받은 끝에 차별받지 않고 안정된 삶을 살겠다는 일념으로 1959년부터 약 25년간 북조선에 귀국한 일을 말한다. 1959년 12월 14일 975명의 재일 동포를 태운 첫 번째 귀국선이 니가타에서 출발해 함경북도 청진항에 도착했다. 1971년까지 162회에 걸

185

쳐 90,574명이 우리나라로 돌아갔다. 그 뒤로도 1984년까지 니가타에서 원산으로 향하는 귀국선에 오른 이들이 더 있다. 이 사업을 통해 북송된 재일 동포는 총 10만여 명에 달한다. 내 친척 중에서도 숙부 두 분과 외삼촌 두 분, 이모 한 분, 그리고 친언니가 동해를 건너 북조선으로 갔다.

어느 날 나는 학생들과 역전식당에서 밥을 먹었다. 메뉴는 가라아게(唐揚げ)*, 감자튀김, 두부부침, 우동, 오야코동(親子丼)**, 달걀말이, 오코노미야키(お好み焼き)***, 이카야키(イカ焼き)****, 돼지족발, 돼지고기찜, 육회 등 일본의 가정이나 고깃집에서 흔히 먹는 요리들이다. 음식 값이 만만치 않게 나올 것 같아 주인에게 물으니, "충분합니다. 돈이 남을 겁니다. 안심하세요."라는 답이 돌아와 바로 주문에 들어갔다. 학생들이 저마다 음식을 주문하자, 종업원은 쓴웃음을 지으며 쏟아지는 주문을 받았다.

최근 일본에서는 거의 못 먹는 육회를 이때다 싶어 주문하는 학생들이 많았다. 일본에서는 1990년대 버블경제 붕괴 이후 소고기 수입이 자유화되면서 값싼 소고기가 쏟아

---

* 닭고기, 생선 등에 밀가루나 녹말가루를 묻혀 튀긴 요리.
** 간장 국물에 조린 닭고기와 풀어 익힌 달걀을 밥 위에 올린 요리.
*** 철판에 기름을 두르고 고기, 해산물, 양배추 등을 잘게 썰어 올린 뒤 밀가루 반죽을 둥글게 둘러 지져낸 요리.
**** 오징어에 간장을 바른 뒤 통째로 구운 요리.

져 들어왔다. 그에 따라 광우병과 병원성 대장균 공포가 확산되고, 음식 안전을 위협하는 몇몇 사건이 일어나면서 생고기와 내장육이 일절 금지되었다. 재일 동포가 운영하는 불고기 업계가 큰 타격을 입었다. 와규(和牛)의 육회와 생간만 먹을 수 있으며, 그마저도 제공하지 않는 경우가 많다. 그래서 육회는 일본에서 귀한 음식이 되었고, 조국 방문에서나 겨우 즐길 수 있는 음식이 되었다. 내 아들도 우리나라를 방문했을 때 이모와 식당에서 육회를 배불리 먹었다고 한다. 육회의 맛을 잘 알고 있던 아버지는 "육회는 타르타르 스테이크(tartar steak)˚와 매한가지"라면서 그 유래를 이야기해 주었다. 어째서인지 지금까지도 그때의 기억이 선명하게 남아 있다. 아버지가 매한가지라고 말한 두 음식의 공통점을 자세히 알게 된 것은 조국에서 육회를 처음 맛본 때로부터도 한참 뒤다.

삼국 시대에 불교가 한반도에 들어왔다. 불교에서는 살생을 금하지만, 한반도에서 육식 문화는 계속해서 발달했다. 특히 몽골의 침략과 육식을 즐기는 타타르족의 영향으로 생고기를 맛있게 조리해서 먹는 습관이 생겼다. 지금까지도 우리 민족은 육회를 즐겨 먹는다.

˚ 익히지 않은 소고기를 잘게 다지고 그 위에 달걀노른자를 얹어 소금과 후추로 간을 해서 먹는 독일 요리.

일본에서는 먹을 수 없는 소고기 육회.

육회 요리는 양념을 버무리는 과정이 중요하다. 양념은 식재료에 풍미를 더하고 음식의 맛을 좌우하는 조화의 힘을 가지고 있다. 육회 양념은 간장, 고추장 같은 기본 조미료에 마늘, 참기름, 고춧가루 등을 적절히 섞어서 만든다. 이처럼 다양한 종류의 양념을 통해 조선 요리는 '혼합미(混合美)'를 추구한다. 조선 요리를 대표하는 비빔밥, 국밥, 쌈 등은 맛도 좋고 건강에도 좋은 혼합미를 추구하는 민족의 지혜가 잘 드러난 음식이다.

한편 일본은 식재료 본연의 맛을 최대한 끌어내는 식문화를 가지고 있다. 바다를 접하고 있는 일본은 어패류를 회로 쳐서 먹는 문화가 발달했다. 회는 식재료의 신선함이 생명이다. 회 양념은 육회 양념과 달리 약간의 간장과 고추냉이로 만든다. 생선회 본연의 맛을 살리기 위해서다. 바다를 사이에 두고 인접해 있으면서도 요리 방법이 완전히 다른 두 나라이기에 오히려 다채로운 합작 요리가 앞으로 가능하지 않을까?

배가 터질 때까지 먹겠습니다
삼계탕

최근(2018년) 사망자가 속출할 정도로 폭염이 이어지고 있다. 이 "살인 더위"를 극복하는 방법에는 여러 가지가 있겠지만, 그중에서도 음식이 중요하다고 말할 수 있다. 조선에는 예로부터 이열치열(以熱治熱)이라는 말이 전해 온다. 이는 절기상 가장 무더운 삼복(초복, 중복, 말복)에 더위를 이기기 위해 보신탕과 삼계탕을 먹는 습관을 이르는 표현이기도 하다.

이번 조국 강습 일정은 우리나라에서 말복이 지난 뒤에 시작되었다. 그래서 강습이 절반 이상 지날 즈음에는 초가을에 접어들어 지내기가 훨씬 수월했다. 그래도 아직 더위가 가시지 않은데다, 일정이 빡빡해서 피로가 쌓였다. 그래서 우리는 자양강장에 좋다는 삼계탕을 먹으러 평양 시내에 있는 전문 식당으로 발길을 옮겼다.

190

개점한 지 얼마 되지 않은 가게 안은 벽화로 우리 민족의 생활을 표현하는 등 민속적인 분위기를 자아냈다. 또한 테이블, 의자, 기타 장식품 모두 조선 민족을 상징하는 것들이었다. 학생들은 가게 안을 감도는 조선의 전통 색조에 도취되어 "우와!" 작은 함성을 지르며 고풍스러운 아이템들을 잠시 감상한 뒤 소연회장으로 들어갔다.

테이블 위에는 이미 우리 인원수에 맞추어 삼계탕을 한 상 가득 차려 놓았다. 작은 공연을 할 수 있는 노래방 설비도 갖추어져 있었다. 반찬으로는 배추김치를 비롯해 도라지고추장무침, 물만두, 콩찜, 목이버섯초무침, 부침개 등이 나왔다.

"강습의 반이 지났습니다. 수고하셨습니다. 나머지 반도 힘냅시다!"

각자 음료수가 든 컵을 한 손에 들고 건배 인사를 나눴다.

냄비뚜껑을 열자 뜨거운 김과 함께 인삼 향기가 모락모락 피어올랐고, 국에는 속이 꽉 찬 영계 한 마리가 담겨 있었다. 숟가락과 젓가락으로 닭고기 속을 풀어헤치니 찹쌀, 대추, 잣, 밤, 그리고 조선 인삼이 고개를 든다. 국물은 닭고기에서 배어나온 즙을 기본으로 해서 인삼의 향과 대추, 밤 등의 단맛이 어우러져 담백한 맛을 냈다. 같이 나온 소금을 취향에 맞게 넣으면서 맛을 가감한다. 국물이 부족하면 종업원이 알아서 채워 준다.

평양 시내에 있는 삼계탕 전문 식당.

(위) 보기에도 먹음직한 삼계탕.

(아래) "배가 터질 때까지 먹겠습니다."

삼계탕 맛은 복합적이지 않았다. 그렇지만 삼계탕만이 갖고 있는 특별함과 만족감, 그리고 고급스러움을 맛볼 수 있었다.

"배가 터질 때까지 먹겠습니다! 반드시 한 그릇은 더 먹을 겁니다!"

한 학생이 기세등등하게 먹기 시작했지만, 닭 한 마리를 통째로 담은 한 그릇으로도 충분했다.

삼계탕은 어린 닭을 고아낸 영계백숙*에서 유래하는데, 조선 왕조 시대의 요리 책에는 등장하지 않는다(닭찜은 요리 책에 남아 있다). 이 요리가 나중에 인삼을 넣은 보양식인 삼계탕이 되었다. 삼계탕의 역사는 그리 길지 않다.

최근 북조선 관광의 테마별 코스의 하나로 '조선 음식 투어'가 인기다. 주로 조선 요리 전문가들로부터 김치 만드는 방법을 배우는데, 최근에는 삼계탕 요리 체험이 새로 생겨 호평을 받고 있다.

나는 일전에 중국 길림성 연길시의 연변대학에서 열린 국제연구토론회에 참석했을 때 점심 식사로 삼계탕 전문점에서 코스 요리를 대접받았다. 우리나라에서 먹은 삼계

---

* 삼이 안 들어간 영계를 맹물에 백숙 상태로 푹 곤 것을 영계백숙이라고 한다. 영계백숙은 왕궁의 연희를 기록한《원행을묘정리의궤(園幸乙卯整理儀軌)》(1795년)에 처음 등장한다.

탕과 맛이 거의 비슷했다. 조선족 사람들이 많이 사는 지역의 중심가는 조선 음식점들로 미어터진다. 한 나라를 아는 가장 빠른 길은 그 나라의 전통 음식에 있지 않을까? 한민족의 고유한 맛은 장소를 불문하고 대를 이어 흐른다.

호사스러운 맛

신선로

2018년 장철구평양종합상업대학에서 요리 실습할 때의 일이다. 현지의 보조원들이 그날 사용할 식재료를 조리대 위에 올려놓고 실습 준비를 할 참이었다. 조선대 학생들도 실습장에 하나둘 도착하는 대로 부랴부랴 합류하고 있었다. 그 순간 폭탄 소리와 같은 비명이 울려 퍼졌다. 나는 사고가 난 줄 알고 소리 나는 쪽으로 부리나케 달려갔다. 그랬더니 그곳에 꿩 암수 한 쌍이 누워 있었다. 꿩을 본 학생이 비명을 지른 것이다. 그날 실습할 요리는 꿩을 비롯해 고급 식재료를 사용해서 만드는 신선로였다.

조선의 궁중 요리를 대표하는 신선로는 《해동죽지(海東竹枝)》*에 다음과 같이 기록되어 있다. 조선 중기의 문신 정희량(鄭希良, 1469~1502)이 무오사화 때 훈구파에 밀려 의주로 유배를 떠났다. 유배 생활 중 독특한 모양의 화로에 여러 가지 재료를 넣고 끓여 먹었는데, 여기서 신선로가 유래했다. 신선로는 한가운데에 화통이 달린 냄비에 갖은 산해진미를 넣고 끓여 먹는 전골 요리다. 각지의 희소한 식재료를 삶아 익혀 먹는 호화로운 요리로서, 당시 수도 한양의 향토 요리였다. 왕족은 물론 양반, 중인들까지도 즐겨 먹었다고 한다.

한가운데가 뚫린 냄비의 화통 바로 밑에서 불을 지피고 화통을 에둘러 산과 바다의 귀한 식재료를 가지런히 놓는다. 거기에 소고기, 닭고기, 꿩고기를 맑게 우려낸 국물을 끼얹어 끓인다. 조선 후기 요리 책《소문사설(諛聞事說)》에서는 신선로를 '입을 즐겁게 하는 맛있는 식재료가 가득 들어 있다'는 뜻에서 열구자탕(悅口子湯)이라고 부른다. 이렇듯 눈에서 혀까지 즐거운 요리를 첫날부터 만들게 되었다.

사용한 식재료는 양지머리, 소간, 닭고기, 꿩고기, 해삼, 명태, 전복, 새우, 송이버섯, 목이버섯, 대추, 잣, 밤, 호두, 은행, 떡, 미나리, 무, 인삼, 파, 마늘, 그 외 조미료를 포함해서 약 20종이다. 우리는 이 모든 식재료를 아낌없이 사용했다.

가장 먼저 국물을 만든다. 소고기와 닭고기는 고깃덩어

• 조선 말 문신이자 서예가인 최영년(崔永年, 1856~1935)이 지은 책으로 우리나라의 역사, 지리, 세시풍속, 민간에 전승되는 놀이 등에 대해 읊은 500여 편의 시가 수록되어 있다.

(위) 신선로에 넣을 꿩을 다듬는 우리나라 남학생.
(아래) 식재료 하나하나를 정성껏 손질한다.

리를 그대로 국물로 만든다. 이번에 학생을 놀라게 한 꿩은 다듬으려면 힘이 필요하기 때문에 남학생 보조원이 맡기로 했다. 깃털을 잡아 뽑고 내장을 제거했다. 움직일 리 없는 꿩이 갑자기 날아오르는 것은 아닐까 의심의 눈초리를 거두지 못하고 겁을 내는 학생이 있는 한편, 곰곰이 예의주시하는 학생도 있었다.

강습 선생은 이번에 사용하는 식재료의 특징을 하나하나 설명하면서 재료 손질 방법, 칼질 방법, 굽는 방법 등을 매우 상세하게 지도했다. 그 많은 밤, 마늘, 은행, 호두의 껍질을 벗기고, 다듬어 놓은 꿩고기, 닭고기, 명태, 소간을 얇게 썬 뒤 바로 구웠다. 그리고 부추, 인삼 등을 넣은 여러 종류의 전을 부쳐서 마름모꼴로 잘랐다. 닭고기는 단자로 만들어 놓고, 새우는 데쳐 놓았다. 전복과 해삼은 깨끗하게 손질했다. 이 모든 작업을 나눠서 했다. 식재료 조리가 얼추 끝난 뒤에 신선로 냄비에 가지런히 놓는데, 세심한 주의가 필요하다. 요리를 다 끝내니 벌써 오후 2시가 넘었다. 오전 9시 반에 시작해서 4시간이 넘게 걸린 것이다.

마침내 식사 시간. 원래대로라면 신선로의 화통에 숯을 넣어서 불을 피우지만, 우리는 대용으로 알코올(소주)을 사용했다. 다양한 사람들의 손길에서 우러나온 정성과 수십 종의 식재료가 집약된 복합적인 맛. 화학조미료로는 절대로 흉내 낼 수 없는 국물 맛이 산해진미의 건더기와 섞여

수십 종의 고급 식재를 정중히, 나란히 넣은 신선로.

점점 더 진해진다. 더위가 채 가시지 않은 9월 중순의 어느 날, 우리는 신선로를 먹으며 땀을 뻘뻘 흘렸다. 마치 왕족이라도 된 듯한 기분으로 입에서 시작해 몸 전체로 번져가는 호사스러운 맛을 제대로 만끽했다.

회전 초밥 아니고 회전 전골
매운맛의 향연

일본에서 회전 초밥은 친숙한 음식이다. 가격도 비교적 적당하고, 눈으로 직접 보고 고를 수 있으며, 회전하는 식탁에서 어떤 초밥이 나올지 기대감을 품고 초밥을 먹을 수 있다. 지금은 일본 어디에서나 회전 초밥을 맛볼 수 있다.

우리나라에서는 일본에서 들여온 회전 레일을 이용한 회전 전골을 즐길 수 있다. 그렇지만 전골냄비 자체가 회전하는 것은 아니고, 전골 속 재료가 가격별로 색깔이 다른 접시에 담겨 돈다. 가게 이름은 체송식당. 평양호텔을 나와 대동강을 따라 조금 걸으면 오른쪽에 김책공업종합대학이 나온다. 김책공대를 지나 오른쪽으로 돌면 왼쪽에 체송식당이 있다. 점심시간에는 손님들로 북적거린다. 테이블도 좌석도, 회전 레일의 바로 앞 식대 좌석도 꽉 찬다. 이번에 처음으로 방문한다는 가이드와 운전사는 어리둥절한 표정을 지으며 회전 레일 식대를 마주 보는 자리에 앉았다. 바로 앞에 '개인 전골냄비'가 있다. 이런 스타일, 그러니까 개인별로 전골 요리를 먹는 방식이 과연 가능한지 조금 의아했다. 하지만 최근 일본과 마찬가지로 아무 거리낌 없이 '한 사람당' 음식을 주문하는 음식 문화가 북조선에서도 젊은 층을 중심으로 점차 퍼지고 있다.

"매운맛 국물과 맑은 국물 중 선택하십시오."

종업원이 차가운 물수건을 내밀며 웃는 얼굴로 말한다. 세 사람 모두 주저 없이 매운맛 국물을 선택했다. 고형 연료에 불을 붙이고 국을 따뜻하게 데우는 동안 회전 레일을 타고 우리 눈앞에 도착하는 형형색색의 재료들 가운데 먹고 싶은 것을 골랐다. 고기는 소고기를 별도로 주문했다. 그 외 무엇을 골라 먹을지를 망설이는 사이에 야채, 버섯, 녹두 등이 쉴 새 없이 회전 레일을 돌고 돈다. 손 가는 대로 재료를 전골냄비에 넣다 보니 나도 모르게 빈 접시가 쌓였다. 역시나 이런 방식은 사람의 심리를 제대로 이용한다.

그런데 식재료를 하나씩 따져 보니 '이런 것도 전골에 들어갈까' 하는 의구심이 드는 것이 있다. 이를테면 냉동 소천엽, 인조육, 브로콜리, 다양한 어묵, 그리고 포도, 멜론 같은 과일과 생과일 주스까지 돌아가고 있다.

전골 요리를 먹기 시작한 지 얼마 지나지 않아 가이드와 운전사는 빨갛게 상기된 얼굴로 구슬땀을 흘리고 있다. 아

무래도 매운맛 때문에 재료 각각의 맛을 구별할 수 없을 정도가 된 듯했다. 이 매운맛은 우리에게 친숙한 고추장 맛이 아닌 사천요리를 대표하는 맛, 즉 마라(麻辣)에서 나온 것이다. 주로 산초의 매운맛 성분이 감각을 마비시킨다. 입에서 불이 난 것처럼 "호오 호오" 하면서 뜨거운 전골 건더기를 입에 넣는다. 너무 매워서 맛에 대해 이야기할 여력도 없다.

중간중간 맑은 국물을 더 부어서 매운맛을 중화시켜 보았지만, 혀의 고통은 사라지지 않았다. 건더기의 맛을 전혀 느낄 수가 없었다. 다른 손님들의 냄비를 보니 거의 맑은 국물이었다. 우리 눈앞을 지나는 회전 레일의 멜론, 포도, 단 주스가 그렇게 반가울 수 없었다. 그제서야 과일과 주스가 회전 레일을 타고 도는 까닭을 이해할 수 있었다.

(위) 회전 레일을 타고 우리 앞을 지나는 식재료들.
(가운데) "오, 과일 주스도 레일을 타고 돌고 도네요."
(아래) 구슬땀을 뚝뚝 흘리게 한 마랏국.

3부

달콤하고 멋진 평양의 밤

평생 먹고도 남을 양을 배불리 먹다
송이버섯

가을의 입맛을 돋우는 음식으로 송이버섯을 빼놓을 수 없다. 일본에서는 그 향과 식감을 찾는 사람들이 많아 숯불구이, 스이모노˚, 도빙무시˚˚ 등 간단하게 해 먹는 요리의 빠지지 않은 식재료로 쓰인다.

송이버섯은 30~40년 정도 자란 소나무 뿌리에 붙어 공생하기 때문에 인공 재배가 어렵다고 한다. 예전에 일본에서 송이 채취가 어렵지 않았다. 그러나 최근에는 장작이나

- 스이모노(吸い物)는 소금, 간장, 된장 등으로 맛을 낸 국에 각종 해산물과 야채를 넣어 끓인 일본 요리이다. 술안주로 먹기도 한다.
- 도빙무시(土瓶蒸し)는 질주전자에 송이버섯, 닭고기, 생선, 채소 등을 넣어 끓인 일본 요리이다. 스이모노와 마찬가지로 술안주로 먹기도 한다.

낙엽을 이용하지 않고, 산이 황폐해지면서 생산량이 급감했다. 일본에서 채취되는 송이버섯은 극히 소량에 불과하다. 송이버섯은 고가의 식재료로서 서민들은 거의 접할 수 없다.

일본의 어느 TV 프로그램에 "송이버섯을 먹을 수 있나?"라는 질문에 "절대 못 먹는다!"라고 대답하는 북유럽 사람이 나온 적이 있다. 그는 송이버섯의 향에 대해서도 "몇 날 며칠 갈아 신지 않은 양말에서 나는 냄새"라며 혐오 가득한 얼굴로 말했다. 송이버섯 향의 주성분은 송이알코올(matsutake alcohol)과 계피산메틸(methyl cinnamate)이다.

평양호텔 4층에 있는 찻집에서 학생들과 이야기를 나누고 있을 때의 일이다. 이곳은 평양호텔에 머물 때 학생들과 종종 찾는다. 여느 찻집처럼 커피, 홍차, 코코아, 과일 주스, 빙수를 판다. 그 외에도 맥주, 와인, 위스키, 소주 칵테일 등의 주류와 마른 명태, 땅콩, 낙지, 과자, 초콜릿 등의 마른안주를 판다. 그날도 학생들과 담소를 나누고 있는데, 한 손에 비닐봉지를 든 가이드가 다가와 환하게 웃으며 말했다.

"칠보산*에 다녀온 방문단으로부터 송이버섯을 받았습

---

* 칠보산(七寶山)은 함경북도 남서부에 위치한 산으로 '함북금강'이라는 별칭이 붙을 정도로 훌륭한 경관을 자랑한다.

칠보산 송이버섯.

니다."

서둘러 송이버섯을 꺼내니 특유의 향이 홀 전체에 퍼졌다. 냄새를 맡고 모여든 학생들은 그 즉시 품평회를 시작했다. 모양과 크기는 제각각.

"이것은 일본에서 2천 엔(한화로 환산하면 약 2만 원)은 하겠죠? 이것은 5천 엔은 될라나? 좋은 것은 1만 엔까지 가겠죠?"

생활과학과 학생들은 가치를 감정해서 가격을 매기고 있었다.

대충 세어 보니 스무 개는 되어 보였다. 이 정도면 일본에서 거래되는 가격으로 어림짐작하면 4~5만 엔은 되지 않을까? 그런데 어떻게 먹으면 좋을까? 구워 먹을까, 지져 먹을까? 아니면 호텔 주방에 부탁해서 버섯 밥을 해 달라고 할까? 그러나 가이드는 "신선하니 생으로 먹으십시오"라고 한다. 그러더니 자루의 뿌리 쪽을 잘라내 깨끗이 씻고 얇게 자른 뒤 소금을 조금 뿌린 송이버섯을 우리에게 건넸다.

느닷없이 송이버섯을 생으로 먹게 된 나와 학생들은 조심스레 한 입 베어 물었다. 그랬더니 의외로 생으로 먹는 것도 그 나름의 맛이 있었다. 오돌오돌 씹히는 식감은 말할 것도 없고 송이버섯 향이 입안에 퍼지면서 뭔가 호사를 누리는 기분이 들었다. 학생들도 맛있다면서 우걱우걱 먹기 시작했다.

　선물로 받은 것이라지만, 어쩌면 개당 가격이 수만 엔에 달할 수 있는 송이버섯을 우리는 마치 과자 먹듯이 먹어 치웠다. 송이버섯 향은 "몇 날 며칠 갈아 신지 않은 양말에서 나는 냄새"라지만, 나는 그 향이 그렇게 좋을 수가 없었다. 어느 북유럽 사람의 말이 생각나 마음이 언짢아지려 하는데, 한 학생이 "선생님, 맛있습니다!"라고 해서 다시 화기애애한 분위기로 되돌아올 수 있었다.

　이야기를 나누기 위해 학생들의 말에 귀를 기울이는 사이, 그 많던 송이버섯이 게 눈 감추듯 사라져 버렸다. 나와 학생들은 평생 먹고도 남을 양의 송이버섯을 배불리 먹었다. 우리는 몸도 마음도 흡족한 한때를 보냈다.

금강산에서 찾은 뿌리

도라지와 더덕

금강산 가이드는 관광객에게 다양한 에피소드를 섞어서 해설을 한다. 2015년에 우리를 안내한 가이드는 대략 10년 경력의 베테랑으로서, 적확한 해설로 인기가 높다는 이야기를 들었다. 등산 코스는 외금강에 있는 구룡연 코스. 가이드는 완만한 산책길에 자생하고 있는 식물과 동물, 그리고 기묘한 모습을 한 바위에 얽힌 이야기를 끊임없이 꺼냈다.

등산로 입구에서 한참을 걸어가면 금강문(金剛門)이 나타나고, 그곳을 지나면 아름다운 전경이 펼쳐진다. 왼쪽을 돌아보면 '토끼바위'가 있다. 가이드는 구름 위의 토끼가 금강산을 구경하러 내려왔다가 너무나 아름다운 모습에 마음을 빼앗겨 돌아갈 날을 잘못 알아 결국 바위가 되었다고 설명했다. 또한 개구리바위, 뱀바위, 용바위 등 기묘한 모양을 한 바위들을 가리키며 쉴 새 없이 이야기를 들려주었다. 우리는 지루한 줄 모르고 산을 올랐다. 도중에 산 중턱 샘물에서 목을 축였다.

"마시면 젊어진다는 삼록수(蔘鹿水)입니다. 산삼과 녹용의 효과에 버금가는 약수이지요. 그래도 한 모금만 마셔요. 너무 많이 마시면 젊어지다 못해 아기, 태아로 돌아가 버립니다."

가이드가 웃으면서 말했다. 금강산에서만 자라는 희귀 식물이 100여 종에 달한다고 한다.

가이드는 걸음걸이가 빠르고(같은 날 두 번째로 우리와 등산했다), 시종일관 웃는 얼굴로 피곤한 기색 없이 즐겁게 안내했다. "도라지 도라지 도라지 요 몹쓸 놈의 백도라지"라고 노래 부르며 도라지 타령과 약효에 대해서도 이야기했다. 그러나 안타깝게도 도라지는 못 보았다(금강산으로 가는 길에 있는 울림폭포 옆 산기슭에서 도라지를 재배하고 있었다). 가이드 말에 따르면, 산속 깊은 곳에 들어가면 백도라지가 있다고 한다.

예로부터 도라지 뿌리는 식재료 및 생약으로 쓰였다. 조선은 물론 중국에서도 널리 이용했다. 도라지는 조선 사람들이 사랑하는 노래나 시가에 등장할 정도로 민중의 삶에 깊이 뿌리내린 다년생식물이다. 관상용으로도 인기가 있다. 나 또한 실내 정원에서 키우고 있다.

도라지는 꽃피기 전의 꽃망울이 특징이다. 녹색에서 연한 청자색으로 변하며, 풍선처럼 부풀어 올랐다가 꽃을 피우는 7~8월이 되면 다섯 장의 청자색 꽃잎이 별 모양으로 활짝 열린다. 매우 가련하고 아름답다. 백도라지도 그렇거니와 자생은 매우 희귀하다. 일본에서는 "가을의 일곱 가지 풀(秋の七草)" 중 하나로 꼽힌다. 일곱 가지 풀에는 싸리, 칡, 억새, 마타리, 술패랭이, 등골나물, 도라지가 있다. 그런 일본에서 도라지는 절멸위기종에 속한다.

도라지 뿌리는 도톰하고 아린 맛이 강하다. 가래나 고름의 배출, 기관지나 폐의 염증 억제에 탁월한 효능이 있다고 알려져 있다. 나는 도라지의 오도독 씹히는 식감을 좋아해서 도라지나물이 나올 때마다 더 달라고 한다.

2014년 봄 우리나라를 방문할 기회가 있어서, 어느 레스토랑에서 아버지 쪽 사촌 여동생들과 만나 더덕철판구이를 주문했다. 나는 이때 '더덕'이라는 말을 처음 내뱉었다. 더덕은 도라지와 마찬가지로 초롱꽃과에 속하며, 우리나라에서는 흔한 식재료다. 한 입 먹는 순간 "이거 뭐야?!"라는 말이 절로 튀어나왔다. 내게는 충격적인 맛이었다.

더덕은 흔히 깨끗이 씻어 껍질을 벗기고 두들겨 펴서 먹는다. 그렇게 하면 아린 맛이 없어지며, 뿌리 특유의 연한 단맛을 느낄 수 있다. 양념과 기름도 잘 흡수해 요리 효과도 잘 난다.

(위) 도라지나물은 오도독 씹히는 식감이 좋다.

(아래) 더덕구이. 더덕은 양념과 기름을 잘 흡수해 요리 효과가 잘
난다.

도라지와 마찬가지로 더덕 또한 피로 회복, 건위정장(健胃整腸)*, 거담(祛痰)**, 숙면 등의 효능이 있다. 더덕과 도라지에는 사포닌***이 많다. 사포닌의 효능은 식물에 따라 다소 차이가 있는데, 대체로 항균 작용, 항산화 작용, 혈액 순환 등이 잘 알려져 있다.

일본에서는 더덕과 도라지를 그렇게 즐겨 먹지 않는다. 하지만 북조선에서는 밑반찬이라고 할 정도로 자주 먹는 음식이다. 도라지는 오도독거리는 식감이고 더덕은 부드러운 식감이다. 둘 다 사람들에게 먹는 기쁨을 안겨 준다.

* 위를 튼튼하게 하고 장의 기능을 정상적으로 회복시키는 효능.
** 가래를 뱉도록 도와주고 가래가 생기는 원인을 제거하는 효능.
*** 거품이 이는 성질을 가진 천연의 계면활성제로 조선 인삼에 다량 들어 있다.

생약의 왕다운 위엄

고려인삼

'개성' 하면 아무래도 '고려인삼'이 제일 먼저 떠오른다. 예로부터 만병통치약으로서 사람들의 건강을 지켰고, 고려를 전 세계에 널리 알리는 역할을 했다. 고려인삼의 약효는 다방면에 걸쳐 있고, 지금까지도 연구가 진행되고 있다. 고려인삼 가공품의 수 또한 일일이 셀 수 없다. 인삼술, 인삼차, 인삼탕, 인삼정액, 인삼단물, 인삼엑스, 원형꿀삼, 홍삼 등이 있다. 개성고려원형꿀삼은 꿀 속에 5~6뿌리의 인삼이 들어 있어서, 크게 앓고 난 뒤의 체력 저하, 산전 산후 허약, 무기력, 심장 통증, 식욕 부진, 불면증, 빈혈증, 허약, 기억상실증, 간경변 치료에 탁월한 효과가 있다고 한다. 또한 인삼이 들어간 화장품(살결물, 물크림, 크림 등)은 수없이 많다.

최근 수년간 일본은 국교를 맺지 않은 위험 국가의 물건이라는 이유로 북조선에서 들어오는 물자를 일절 허용하지 않고 있다. 일본에서 이제는 개성산 고려인삼 같은 고급품을 거의 찾아볼 수 없다. 일례로 일본 정부는 우리나라를 다녀온 개인들의 물품조차 '조선산'이라면 몰수한다.

나는 학생들과 우리나라를 다녀온 뒤 공항에서 불쾌한 일을 겪은 적이 있다. 공항에 도착하자마자 직원이 다가와 "북조선에서 왔습니까? 그렇다면 여기서"라며 보통의 입국 절차와 달리 그 자리에서 짐을 검사하는 게 아닌가! 개인 물품이라면 압수를 피할 수 있지만, 친지에게서 받은 선물, 현지에서 구입한 특산품에 '조선' 상표가 붙었으면 예외 없이 압수한다. 그러나 최근 조총련과 조선고급학교에서 정식으로 항의하자, "인도적 배려"라는 명분으로 10개까지 허용한다는 영문 모를 조치를 취하고 있다.

따라서 일본에서 인삼이란 극히 일부 지역에서 인공 재배한 인삼과 '중국산 고려인삼'뿐이며, 이조차도 고가에 판매되고 있다. 이 귀중한 고려인삼의 약효를 알고 있는 사람들은 어떻게 해서라도 조선 삼을 손에 넣겠다고 할 정도다. 최근 그 효능, 재배, 역사 등을 알기 쉽게 설명한《고려인삼의 세계(高麗人蔘の世界)》(홍남기[*], 2005)가 출간되어 많

• 홍남기(洪南基, 1949~)는 재일 동포로서 화학자다. 도쿄 조선대학교 이학부를 졸업하고 도쿄공업대학에서 박사 학위를 받았

은 사람들이 고려인삼을 영약(靈藥), 선약(仙藥)이라 부르는 이유를 알게 되었다. 또 전통 약재를 지닌 민족으로서 자부심을 더욱 강하게 가질 수 있게 되었다.

날것 그대로의 인삼을 생삼(生蔘) 혹은 수삼(水蔘)이라고 부른다. 성분의 약 70%가 수분이라서 썩거나 벌레 먹는 것을 피하기 위해서는 효과적인 가공 처리가 필요하다. 장기간 보존하기 위한 다양한 방법을 탐색한 결과, 생삼을 그대로 건조한 백삼(白蔘), 증기에 찐 다음 건조한 홍삼(紅蔘)이 탄생했다. 동양의학(한방의학)에서는 '기(氣)의 흐름'을 중요시한다. 이 기는 살아 있는 사람에게 머물러 있다가 죽으면 떠난다고 한다. 기가 막혔을 때 뚫어 주는 보약으로서 인삼이 특히 탁월하다고 한다.

평양에 사는 언니는 몇 년 전부터 가족의 누군가가 조선을 방문했다가 일본으로 돌아갈 때마다 홍삼을 선물한다. 물론 아버지가 오셨을 때에도 홍삼을 준비했다. "암을 치료하고 예방할 수 있어서 아버지에게 내가 할 수 있는 유일한 효도"라면서 짧은 편지와 함께 챙겨 주었다. 아버지가 돌아가신 뒤에 남은 홍삼은 내 아들의 병 치료나 가족

다. 이후 연구소와 제약 회사 등에서 화학 분야의 연구자로서 활약했다. 조선의 불교문화, 고려와 개성의 역사, 고려인삼의 약효 등에 관한 몇 권의 책을 출간했다.

의 건강에 쓰이고 있다.

언젠가 개성을 방문해서 자남산(子男山)˚호텔에서 저녁을 먹을 때 생긴 일이다. 잠시 자리를 뜬 운전사가 득의양양하게 웃음을 머금고 돌아와 내 옆자리에 앉았다. 그의 손에는 냅킨에 싸인, 바로 채취한 듯한 생삼이 들려 있었다. 생삼의 모습이 귀여워 나도 모르게 쓰다듬었다. 운전사는 생삼 뿌리에 묻은 흙을 털어내고, 귀하고 신선한 삼은 생으로 먹는 것이 가장 좋다며 뿌리를 조금 떼어 먹어 보라고 권했다. 가공품인 홍삼 분말은 먹어본 적이 있지만, 사람 모습을 한 원형을 본 것은 정말로 오랜만이었다.

입에 넣어 깨물어 보니 상상 이상으로 쓰다. 물론 달 거라고 생각하지는 않았지만, 이 정도일 줄은 몰랐다. 과연 생약의 왕다운 위력이 느껴졌다. 인삼이 눈앞에 있으니 주저할 새도 없이 권하는 대로 몇 뿌리를 잘게 찢어 먹었다. 그러나 귀한 물건을 나 혼자 독점할 수는 없어서 가이드와 운전사에게 같이 먹자고 권했다. 그들은 개성의 토산품이므로 도리어 나에게 가져가라고 한다. 순간 마음이 흔들렸지만, 일본 세관에게 최고급 브랜드 제품인 '개성고려인삼'

* 개성의 중심부에 위치한 산이다. 원래는 남산이라고 불렸다. 조선 중기 이후로 송악산이 어머니가 누워 있는 모습이라면, 자남산은 그 아들과 같은 모습이라 하여 자남산으로 불리게 되었다.

(위) 아직 흙이 묻어 있는 생삼.

(아래) 고려인삼이 들어간 화장품 '살결물'.

을 빼앗기느니 운전사에게 주는 것이 올바른 선택이라고 생각했다. 안타깝다는 듯이 나를 바라보는 운전사의 표정이 지금도 눈에 선하다.

면역력을 키우는 '만능 약'

오미자주스

오미자는 오미자나무의 열매로서, 다섯 가지 맛(신맛, 매운맛, 쓴맛, 단맛, 짠맛)이 다 담겨 있다고 해서 오미자로 부른다. 특히 진해·거담 작용, 기관지의 항염증 작용 등이 잘 알려져 있으며, 남성의 정력 강화, 음주 뒤 해독 작용, 스트레스성 위염 예방 효과가 있다. 중추신경계에 작용해 집중력과 사고력을 높이고 인지증을 예방하는 데에도 효과가 있다. 그리고 면역력을 향상시켜 감기를 예방하며 피로 회복에 좋다고 해서 '만능 약'으로 불린다.

중국이나 한반도에서는 오미자를 약선식재(藥膳食材)*로서 널리 이용했다. 조선에서는 오미자를 달여 차나 과자,

---

* 약선(藥膳)이란 약과 반찬 선을 합친 말로 약이 되는 음식을 뜻한다.

그 외 다양한 요리에 다양한 방식으로 쓰고 있다. 옛날 일본에서는 흔했다고 하는데, 그 효용과 성분은 알려진 것이 없고 이용법 또한 그다지 보급되지 않았다.

조국 방문 일정은 언제나 빡빡하기 때문에 체력이 있는 학생들도 지칠 수 있다. 여행객들은 보통 일주일 동안 여유롭게 평양 시내, 개성, 판문점을 둘러보고 특별히 백두산, 묘향산을 등산하거나, 최근에는 마식령 스키장에서 스키를 즐긴다. 우리학교에서 수학여행을 온 학생들은 보름 동안 평양 시내, 백두산, 개성, 판문점을 견학한다. 하지만 우리처럼 단기연수를 온 학생들은 음악, 무용, 미술, 체육 등의 각 분야에서 기술을 배우거나 친선 교류 활동을 하기 때문에 쉴 틈이 없다. 게다가 환경마저 익숙치 않아 감기에 걸려서 드러눕는 경우도 많다. 나 또한 한번은 몸살감기에 걸려 기침이 멈추지 않은 적이 있다. 그래서 자양강장에 무엇이 좋을까를 고민한 끝에 오미자를 생각해 냈고, 마침내 손에 넣을 방도를 찾았다.

평양 시내에서 구하기는 쉽지 않았고, 금강산으로 가는 길목에 있는 신평(新平)에서 말린 오미자를 500g 정도 구입할 수 있었다. 그날 오미자를 밤새 찬물에 담가 두었다. 그러면 물이 선명한 분홍빛을 띤다. 그리고 신맛이 강한 오미자를 편하게 먹기 위해 호텔에서 파는 산꿀을 사서 넣었다. 꿀에는 당류가 많지만, 그 외에도 비타민, 미네랄, 아미

(위) 신평에서 얻은 말린 오미자.

(아래) 평양호텔에서 산 산꿀. 오미자주스에 산꿀을 넣으면 오미자 본래의 분홍색이 아닌 갈색이 난다.

노산 등 다양한 종류의 영양소가 들어 있다. 그래서 꿀은 피부 보호와 살균에도 효과적이다. 약용으로 고대 이집트와 그리스, 중국 등지에서도 예로부터 사용해 왔다. 만능약 오미자에 살균 효과가 있는 꿀을 섞으면 높은 약효를 기대할 수 있다.

나는 오미자와 꿀의 조합이 가진 완벽함에 심취해서 이 수제표(手製票) 오미자주스를 지친 학생들에게 마시게 했다. 학생들은 익숙하지 않은 맛과 오미자 본래의 선명한 분홍색이 아닌 갈색(오미자와 꿀이 섞이면서 철과 타닌이 화학 반응을 일으켜 갈색으로 변했다)에 저항감이 있는 듯했다. 하지만 이 이상의 자양강장제가 없다고 부득부득 설득해 억지로 한 잔씩 마시게 했다.

언제 이 일을 가이드에게 이야기하자, 가이드가 그 길로 오미자주스를 사다 주었다. 이것은 선명한 연분홍색으로 신맛이 그리 강하지 않고 먹기 편했다.

"다섯 가지 맛이 안 나는 오미자로서 약효를 발휘할까? 내가 만든 오미자주스가 단연 효과가 세겠지!"

내가 이렇게 말하자, 학생이 시판 주스를 꿀꺽꿀꺽 물처럼 마시며 이렇게 평했다.

"이쪽이 맛있고 마시기도 좋습니다."

그러자 분위기를 눈치 챈 다른 학생이 변명하듯 나를 거든다.

"선생님이 만든 주스가 몸에 더 좋겠죠."

실제로 내가 만든 특제 오미자주스는 산꿀이 많이 들어갔는데도 신맛과 쓴맛이 강했다. 내가 만든 오미자주스가 몸에 좋을 수 있다는 이야기를 듣는 것으로 나는 만족해야 했다.

달콤하고 멋진 평양의 밤

칵테일바

평양호텔 1층에는 술 한 잔 가볍게 마실 수 있는 선술집 같은 작은 가게가 있다. 평양호텔 로비에서 왼쪽으로 돌아가면 보이는, 대동강맥주 500ml 한 잔을 1달러에 파는 술집이다. 대동강맥주는 현재 우리나라에서 가장 유명한 맥주다. 알코올 도수가 낮아서 시원하고 마시기 좋다. 이 상표를 달고 처음 나온 병맥주는 혁신 그 자체였다. 기존의 맥주들과 전혀 다른 맛이었다. 최근에는 차가운 맥주잔에 황금빛 액체와 부드러운 거품이 절묘한 비율로 어우러져 나온다. 술집 안쪽으로 들어가면 사우나가 있는데, 사우나에 다녀온 뒤 여지없이 이 술집에 들른다. 맥주 한 잔을 들이켜면, 목을 타고 내려가며 온몸에 퍼지는 맥주의 기운을 따라 몸이 시원해진다. 삶의 윤기를 더하는 오아시스라고나 할까?

(위) 우리나라의 여러 맥주들.

(아래) 대동강맥주는 현재 우리나라에서 가장 유명한 맥주다.

어느 날은 하루 일정을 마친 뒤 맥주를 좋아하는 가이드와 함께 한 잔만 마시기로 하고 땅콩, 팝콘, 감을 챙겨 갔다. 사우나 뒤에 시원한 맥주를 쭉 들이켜자 마치 목구멍에 탄산이 통과할 때처럼 약간의 통증과 함께 상쾌함과 촉촉함이 느껴졌다. 안주를 조금씩 집어 먹으면서 가이드에게 물었다.

"대동강맥주는 우리나라에서 이제까지 생산된, 말하자면 토종 맥주와는 전혀 다른 맛이군요. 맥주로 유명한 독일이나 체코, 영국, 벨기에 같은 서유럽의 여러 국가로부터 생산기술을 이전 받았나요?"

그러자 가이드는 당당히 대답했다.

"우리나라는 예전부터 맥주를 만들어 왔고 그 기술이 대단합니다. 대동강맥주 또한 자력갱생의 정신으로 스스로 만든 겁니다."

맞는 말이다.

일본에서는 생맥주와 같이 '생(生)'을 붙이면 광고 효과가 높다. 일본 주류 시장에서 열처리하지 않는 술을 '나마자케(生酒)'라고 한다. 열처리를 하지 않고 마이크로필터 등을 통해 해로운 세균을 없앤 생맥주는 문구 자체만으로 사람들의 소비 욕구를 자극한다. 그렇지만 일본 주류 회사에서 판매하는 생맥주는 깔끔함과 상쾌함은 있지만 감칠맛이 부족한 경우가 많다. 대동강맥주도 일본 맥주와 비슷하다. 하지만 내가 맛보기에, 벨기에 맥주를 사용한 '제3의 맥주'인 일본의 화이트베르그에 가장 가깝다.

사실은 올해(2019년) 4월, 평양에서 아들과 언니와 함께 대동강맥주를 마셨다.

"이거 일본 맥주 중에 무엇하고 비슷하지 않아?"

내가 묻자 아들이 바로 대답했다.

"화이트베르그와 비슷한데."

나도 모르게 큰 소리로 "그래, 맞아!"라고 맞장구를 쳤다. 내 미각은 남들보다 정확하며 제대로 평가할 수 있다고 자부해 왔는데, 아들의 예리한 미각에 감탄하고 말았다. 스물한 살 아들은 언제 어떻게 화이트베그르의 맛을 알게 된 걸까? 이제 스물을 넘긴 지 일 년뿐인데 말이다.

또 다른 날, 대동강맥주를 마시기 위해 평양호텔의 4층에 있는 바를 찾았다. 카운터에 앉자 방긋방긋 미소 짓는 바텐더가 차가운 물수건을 들고 등장했다. 그녀는 장철구대학을 졸업한 뒤 곧바로 이곳에서 일하고 있다. 장철구대학은 호텔 서비스 강좌를 개설하고 테이블 세팅, 칵테일 제조, 바의 손님 접대 같은 실전 교육을 한다. 게다가 요리 축전의 진행을 맡고 있다. 우리나라에서는 해마다 다양한 요리 축전을 개최한다. 규모가 가장 큰 것은 2월에 열리는 광명성절*료리축전이고, 4월에 열리는 태양절료리축전이 그에 버금간다. 그 외 전국김치전시회, 민족료리전시회 등

7~8개 대회가 열린다. 장철구대학에서는 상업 분야의 인재를 학술형과 실천형으로 나누어 육성하는데 그 수준이 높다. 그래야만 실제로 현장에 발을 들였을 때 빠르게 적응할 수 있고, 바로 바에 투입할 수 있다.

"맥주 같이 할래요?"

그러자 그녀가 유리잔 두 개를 꺼내 와 대동강맥주를 적당한 거품이 일게끔 절묘하게 잔에 붓는다. 이번 방문 목적이나 정세에 관한 이야기를 나누면서 벽장 장식물을 보다가 칵테일 만드는 도구를 발견했다.

"칵테일 만들 줄 알죠?"

기다렸다는 듯이 바텐더는 자기 이야기를 늘어놓기 시작했다.

올해 국내 서비스 칵테일 분야에서 우승한 일, 그리고 칵테일의 종류와 역사에 대해 두 눈을 반짝이면서 열띠게 이야기했다. 본래 칵테일은 여러 술(럼주, 보드카, 데킬라 등)과 과즙에 생크림, 시나몬 등을 섞는, 좁은 의미에서 혼합 음료라고 해도 틀리지 않다. 칵테일의 역사는 맥주나 와인에

• 광명성절(光明星節)의 원래 명칭은 2월절(二月節)이었으나 김정일 사후에 광명성절로 바뀌었다. 광명성(光明星)은 김정일의 별칭이다. 광명성절은 김일성 주석의 생일을 기념하는 태양절과 함께 북한에서 가장 큰 명절이다.

(위) '평양 나이트'와 '진 라임 칵테일'.
(아래) 평양호텔 4층 칵테일바의 유능한 바텐더와 함께.

무언가를 섞어 마신 고대 이집트와 로마 시대까지 거슬러 올라간다. 오랜 세월을 거쳐 현대의 화려한 칵테일이 등장한 계기는 미국의 금주법이다. 금주법으로 직업을 잃은 바텐더들이 유럽의 술을 미국에 들여와 얼음에 섞었다. 얼음은 점차 여러 재료로 진화했다. 여하간 칵테일은 바텐더의 기량에 따라 새롭게 재탄생할 수도 있고 사그라들 수도 있다. 앞으로 폭넓게 즐길 수 있는 음료가 되기를 기대한다.

그녀는 향학열이 대단했고, 다양한 자료를 찾아 읽었으며, 실천에도 게으르지 않았다.

"자, 동무가 가장 잘 만드는 칵테일은 뭐인가?"

"'평양 나이트'라는 이름이 붙은 칵테일입니다."

내가 묻자 장난치듯이 대답한다. 나는 다음에 꼭 그 칵테일을 만들어 줄 것을 약속 받고 자리를 떴다.

얼마 후 칵테일바를 다시 찾아가 바로 '평양 나이트'를 주문했다. 손님에게 풍기는 분위기나 그날의 상태를 고려해서 칵테일을 만들어 준다는 그녀. 내가 좋아하는 색이 블루하와이라는 것을 이미 알고 있는 그녀는 메저링 컵을 꺼내와 무언가 다양한 것들을 솜씨 좋게 섞는다. 익숙한 손놀림으로 셰이커를 사용해서 사사삭 사사삭 리듬감 있게 흔들기 시작한다. 잠시 그 소리에 편안함을 느끼고 있노라니, 눈앞에 아름다운 블루하와이 색의 칵테일이 나타났다.

"동무도 함께 마십시다."

그러자 그녀는 진에다 라임을 섞은 칵테일에 레몬과 체리를 귀엽게 장식했다. 서로를 향해 칵테일 잔을 기울이며 "짠!" 건배했다.

"초콜릿을 조금 집어먹으면 색다른 맛을 즐길 수 있습니다."

그러면서 체리 잼이 속에 들은 초콜릿을 안주로 가져왔다.

평양의 밤 그리고 멋들어지고 달콤한 칵테일, 여기에 초콜릿이라는 이색적인 맛과 분위기가 더해져 알딸딸하게 취기가 올랐다. 다음에는 조선 소주와 막걸리 칵테일을 즐길 생각에 가슴이 뛰는 밤이었다.

스포츠계의 새바람

영양 음료

지난 2018년에 열린 평창동계올림픽은 지금도 기억에 생생하다. 이 올림픽을 계기로 북남의 거리가 훨씬 가까워졌다고 해도 과언이 아니다. 북과 남의 선수들이 한반도기를 함께 들고 동시 입장했으며, 여자 아이스하키 종목에서 북남이 단일팀으로 출전했다. 여자 아이스하키 감독인 사라 머레이(Sarah Murray)는 경기가 끝난 뒤 "남북이 하나가 되는 과정을 지켜보는 것은 실로 감동 그 자체였다"라는 인상 깊은 소회를 남겼다.

　그 후 2018년 아시안게임에서 북남단일팀의 종목이 확대되었고, 2020년 도쿄올림픽에서 더욱 확대할 것을 모의하고 있다. 2032년 하계 올림픽을 북과 남이 공동 유치하자는 이야기까지 나오고 있다. 여하간 북과 남의 선수들이 힘을 모아 세계 스포츠계에 통일된 역량을 발휘할 수 있는 기회가 점점 많아진다는 것은 여간 기쁜 일이 아니다.

요즘 운동선수들의 식사와 영양에 대해 그 과학적 근거를 해명하는 연구가 상당히 이루어졌다. '운동선수의 식이 요법'이라는 개념이 나올 정도로 음식은 선수의 몸만들기에 중요한 고려 요소가 되었다. 세계 최고 수준에 이르기 위해서는 경기 종목별로 특화된 영양소를 섭취해야 하며, 종목별로 엄선한 식단은 성적에 큰 영향을 미친다는 인식이 정착되었다.

이러한 분위기를 타고 몇 년 전부터 우리나라에서는 "체육 열풍이 불고 있다"라고 표현할 정도로 스포츠가 대중화되고 있다. 평양 곳곳에서 배드민턴, 배구, 농구 등을 하는 모습을 볼 수 있다. 일터에서는 사람들이 쉬는 시간에 탁구 등 실내 운동을 즐기고 있다.

이른 아침 대동강 기슭과 평양대극장 앞을 지나다 보면 여러 연령의 사람들이 스포츠를 즐기는 모습을 볼 수 있다. 특히 배드민턴을 하는 나이 지긋한 사람들의 '준프로'에 가까운 실력에 감탄하지 않을 수 없다. 이제 체력을 유지하기 위해서는 일반인도 과학적 근거를 바탕으로 한 식단과 트레이닝을 통해 몸만들기를 해야 하는 시대가 되었다.

언젠가 평양호텔의 객실 벽에 걸린 달력에서 특이한 것을 보았다. 달력을 아무 생각 없이 넘기는데 월별 사진이 모두 영양 음료였다. 사진에 달린 짧은 설명글을 읽어 보니 북조선 식품 생산 1, 2위를 다투는 '금컵'이 체육인종합 식료공장에서 만든 것이었다. 내가 먹은 금컵은 대추 가루를 넣은 요구르트였는데, 우리나라의 예전 음료에 비해 굉장히 맛있어서 놀랐다. 부끄럽지만, '수입 제품이 아닐까?' 의심을 품을 정도였다. 국내 생산 상위를 다투는 데는 그만큼의 이유가 있다. 이제 우리나라의 과자나 음료도 일본 못지않다.

사진 한쪽 구석에는 "ISO(International Organization for Standardization, 국제표준화기구) 22000 식품 안전 관리 체계 인증을 받았다"라고 적혀 있었다. 또 음료의 영양 효과가 사진별로 상세하게 적혀 있었다. 예를 들어 '에너지 활성 음료' 사진에는 "장시간 운동 시 지방을 에너지원으로 효과적으로 이용하게 하여 인내력 향상과 피로 예방에 적합하다. 또한 지구력이 필요한 종목과 미들 파워 종목 선수들의 체중 조절에 효과적이다"라고 적혀 있다. '딸기 맛 비타민 음료'에는 "운동 시에 손실된 수분, 미네랄, 탄수화물을 보충하고 최상의 컨디션을 유지하는 효과가 있으며, 경기 및 훈련 중에 15분 간격으로 마시면 좋다"라는 설명이 붙어 있다.

스포츠의 대중화는 이러한 기초 지식을 제대로 알고 일상적으로 실천함으로써 질병을 예방하고 건강을 유지하는 데 있다. 나아가 국제 기준을 충족함으로써 운동선수의 기

(위) 스포츠의 대중화는 음료수에서도 알 수 있다.
(아래) 광복지구 상업중심에서 구입한 시원한 요구르트들.

량을 세계 최고 수준으로 끌어올리는 것을 목표로 하고 있다. 그만큼 식품 생산의 수준이 높아졌다.

일전에 먹은 대추 요구르트를 나는 광복지구 상업중심에서 샀다. 이곳은 2012년 1월 5일에 개점한 지하 1층, 지상 3층 규모의 쇼핑몰 같은 곳이다. 1층에는 미용실과 목욕탕 같은 편의 시설이 있으며, 식료품, 일용잡화, 문구류 같은 생활필수품을 파는 가게들이 있다. 2층에서는 의류, 의약품, 조리 도구를 판다. 3층은 식당가다. 상업중심에서 파는 상품의 70% 이상이 국내산이다.

대추와 비타민C가 함유된 요구르트를 마시면서 나는 일본에서 귀한 대추를 음료로 먹을 수 있어서 뿌듯했다. 일본에서 대추는 희귀하지만 우리나라에서는 먹고 남을 정도로 풍족하다. 대추의 맛이 입안에 퍼지면서 적당한 단맛이 상큼하게 느껴지는 요구르트였다.

'료리축전'으로 보는 오늘날의 북조선

태양절료리축전

최근 북조선에서는 과학기술과 경제의 눈부신 도약과 함께 음식 문화의 발전을 목표로 다양한 요리 대회가 열리고 있다. 그중에서도 김일성 주석의 탄생을 기념해서 매년 열리는 '태양절료리축전'(이후 료리축전)은 국내 최대 이벤트로서 단순한 요리 대회를 넘어 음식에 관한 온갖 정보가 모이는 과히 '음식 엑스포'라 할 만하다.

나는 벌써부터 조선료리협회로부터 정식 초대를 받아 축전 참가를 염두에 두고 있었고, 마침내 축전에 참가하게 되었다. 올해(2019년)로 24번째 열리는 료리축전은 4월 2일에서 4월 4일까지 사흘간 통일거리에 있는 평양면옥°에서 열

• 평양면옥은 1992년에 개점한 면 요리 전문점이다. 넓은 현관 홀과 한 번에 이용객 5,000명을 수용할 수 있는 대식당과 최첨단의 주방 시설이 갖춰져 있다.

렸다. 4월 2일 오전에는 10시부터 열리는 개막식과 기념 촬영 등으로 인해 일반 참가자는 입장할 수 없다. 그래서 나는 오후부터 관람하기로 했다. 회장에 도착하자 조선료리협회 중앙위원회의 최목란 씨가 나를 반겨 주었다. 그녀는 료리축전에서 나를 안내할 가이드이기도 했다.

이번 료리축전에서는 민족의 전통 요리는 물론이고 세계 각지의 요리가 전시되었다. 또한 국민의 풍족한 식생활을 목적으로 정부 기관, 지방행정 기관, 중앙 기관, 평양시와 각 도에서 선발한 90개 이상의 단위 조직이 참가했고, 과학성 및 예술성을 발휘해 만든 1,000점 이상의 요리와 음료, 나아가 160건 이상의 과학기술 자료를 전시했다. 료리축전은 명물 료리 전시회, 지정 료리 전시회. 빵 전시회, 료리 과학기술 성과 전시회, 료리 기술 경연회, 특기 사범(師範) 경연회로 나뉘어 여섯 개의 회장에서 각각 진행된다. 평양면옥에 도착한 나는 연회장으로 서둘러 가는 인파를 따라 중앙 입구로 들어갔다. 들어가자마자 상상 이상의 엄청난 규모와 인파에 놀랐다. 앞서 치러진 료리축전을 사진으로 보았지만, 실제로 보니 차원이 달라 얼떨떨했다.

명물 료리 전시회

내가 처음으로 간 곳은 전국 유명 상점의 명물 요리가 전시되어 있는 '명물 료리 전시회'다. 여기서는 지역 예선에

(위) 제24차 태양절료리축전이 열린 평양면옥.

(아래) 가이드 최목란 씨와 함께.

서 경쟁을 뚫고 상위권에 입상한 대표적인 요리만을 전시하고 있었다. 이 전시회의 심사 항목과 평가 기준은 다음과 같다.

식재료의 구도(식재료를 얼마나 정성껏 그릇에 잘 담았는가?), 색감, 데커레이션(입체적인 균형과 조화), 그릇과의 조화. 그에 더해 지정된 품목 수의 요리를 갖췄는지, 전체적인 모양의 균형을 잡았는지를 평가 점수에 넣는다. 눈과 혀의 즐거움을 동시에 선사하는 요리, 즉 현장의 심사위원 선생이 자주 이야기하는 '눈맛' 요리가 기준이 된다.

이번 요리 대회의 심사위원인 정원명 선생과 김영일 선생은 예전에 조선대 단기학부 생활과학과 학생들이 서재각에서 요리 실습을 할 때 직접 지도한 분들이다. 이렇게 료리축전에서 재회하니 감격스러웠고, 그분들에게 고마운 마음이 절로 들었다.

명물 료리 전시회에 나온 요리들의 특징은 무엇보다 요리 하나하나에 깃든 정성, 그리고 선명한 색감과 신선한 맛에 있다. 똑같은 식재료를 쓰는데도 완전히 다른 요리가 만들어지는 것이다. 요리들이 풍족하고 밝은 미래의 북조선을 표현하는 것 같았다. 특히 유명 호텔에서 출품한 화려하게 꾸민 요리들이 관람객들의 이목을 끌었다. 우리가 자주 묵은 평양호텔을 비롯해 해방산호텔, 청년호텔, 창광

명물 료리 전시회에는 '눈맛' 요리가 가득하다.

통수박화채

평양고려호텔

변 광 혁

녹색, 백색, 적색을 이용해서 만든 통수박화채.

산*호텔, 서산호텔, 고려호텔의 일등 요리사들이 이날을 위해 하루도 빠짐없이 갈고닦은 솜씨를 발휘했다. 그중에서도 수박을 통째로 사용해서 만든 화채**가 사람들의 이목을 모았다. 수박 화채는 커다란 수박을 그대로 그릇으로 이용함으로써 화려한 느낌을 살리고, 껍질을 조각 재료로 삼아 다양하게 세공하며, 녹색, 백색, 적색을 잘 이용해서 채색을 즐길 수 있다. 호텔 이외에도 레스토랑, 결혼식장에서 다수 출품했다.

지정 료리 전시회

다음으로 '지정 료리 전시회'를 보러 갔다. 이 전시회는 민족의 전통 요리뿐만 아니라 세계 속의 다양한 요리 기술을 도입해 북조선 요리를 발전, 보급하는 것을 목적으로 한다.

전시실 문을 열고 들어가자 바로 눈에 들어온 것이 조선

• 창광산(蒼光山)은 평양시 중구역 서쪽에 위치한다. 고려 시대 묘청이 일으킨 반란을 평정하기 위해 관군이 평양성을 포위했다. 그때 묘청군이 명석으로 이 산을 둘러쳐 마치 곡식 낟가리처럼 보이게 했는데, 관군은 묘청이 군량을 넉넉히 장만하고 싸움 준비를 단단히 하고 있는 것으로 생각하고 물러갔다. 이때부터 이 산에 창광산(창고와 같이 보이게 한 산)이라는 이름이 붙었다.

•• 과즙과 꿀, 사탕을 넣은 오미자즙에 깍둑 썰기한 과일과 꽃잎, 잣을 띄운 민족 전통의 차가운 음료.

인삼과 막걸리를 결합한 '조선 인삼을 넣은 막걸리'였다. 평양 오리고기전문식당이 출품했다. "김정은 국무위원장은 일찍이 조선에는 조선 인삼 맛 막걸리라는 것이 있다고 말씀해 주셨는데, 우리는 그것을 현대에 재현해서 부활시키는 것을 목표로 했다"라는 해설이 붙어 있었다. 이 식당은 평양면옥 가까이에 있어서 료리축전 기간에 한번 점심을 먹으러 들른 적이 있다. 식당을 가기 전에 이 전시품을 알았더라면 자세하게 물었을 텐데, 조금 아쉬운 마음이 들었다. 그 밖에도 평양냉면, 평양온반, 보쌈김치, 삼계탕, 약밥 등의 민족 전통 요리와 중국의 만두, 이탈리아의 피자와 파스타, 케이크과 쿠키, 일본의 초밥과 우동, 하와이 로코모코 풍의 철판비빔밥, 가볍게 먹을 수 있는 패스트푸드까지 없는 것이 없었다.

그중에서 내 눈길을 사로잡은 것은 '두부와 미꾸라지 고로케'라는 창작 요리였다('료리 과학기술 성과 전시회'에서도 이 요리를 소개했다고 한다). 이번 취재를 위해 동행한 〈조선신보〉 기자도 관심이 있다고 해서, 바로 정원명 선생에게 이 음식에 대해 물었다.

"이것은 양념과 소금으로 간을 한 미꾸라지의 생선육을 으깬 두부와 감자로 싼 뒤 빵가루에 묻혀 튀긴 것입니다. 요즘 북조선에서는 영양가 높은 미꾸라지 양식이 성행하고 있고, 미꾸라지로 만든 요리의 종류도 늘고 있습니다."

내가 알고 있는 미꾸라지 요리라고 하면 추어탕이나 야나가와나베 정도인데 이런 독특한 요리를 생각해 내다니, 속으로 감탄했다.

료리 과학기술 성과 전시회

다음으로 향한 곳은 요리에 관련한 다양한 정보를 전시한 '료리 과학기술 성과 전시회'. 개인적으로 가장 관심을 가진 테마 전시장으로, 천천히 시간을 들여 견학하고 싶은 곳이었다.

각지의 음식점이나 기업에서 독자적으로 개발한 음식에 관한 최신 정보, 식품가공법이나 새롭게 고안한 요리 레시피, 조리 도구 등을 실물과 패널로 전시하고, 또 동영상으로 소개하고 있었다.

우선 다래주스의 맑고 깨끗함에 관한 전시. 설명문을 읽으면, 과실을 파쇄하거나 착즙한 과즙에서는 펙틴(pectin)이 우러나온다. 이 펙틴이 과즙에 있는 혼탁 입자를 교질(colloid)계로 붙잡아서 맑고 깨끗한 과즙 만들기를 방해하는데, 이 교질 상태를 없애기 위해 다래주스에 펙틴 분해 효소(펙티나아제)를 사용한다는 것이다. 나아가 다래에는 단백질 분해 효소(프로테이나제)가 있어서 한층 투명도가 높고 잡맛을 없앤 주스를 만들 수 있다고 한다. 이 점을 높이 평가해서 발명증서를 수여했다. 발명자는 여성으로서

'인민봉사총국 칠성각 로동자'라고 적혀 있었다. 과연 "전 인민 과학기술 인재화"의 발로이다.

　그 밖에 주목되는 전시로는 '타조 발을 이용한 묵 가공법' 이 있었다. 묵이란 젤리 상태로 굳힌 식품으로 니코고리* 와 비슷하다. 김정일 총서기는 "타조 사육은 21세기의 이상적인 가축업"이라며, 앞으로 독자의 가공법을 개발해서 20종 이상의 새로운 요리를 고안하는 것이 목표라고 했다. 나아가 타조 고기는 영양학적으로도 우수한 식재료이기 때문에 식사를 통한 건강 증진과 질병 예방에 도움이 된다고 해설하고 있다.

　주지하다시피 타조는 전속력으로 달리면 약 시속 60km 의 속도를 낸다. 그 속도를 만들어 내는 강인한 발을 식재료로 가공하는 것은 매우 어려운 일이다. 가공 공정을 해설한 패널에는 "1차 가열 30분, 2차 가열(115℃, 3시간), 고기와 뼈로 분리한 뒤 고기를 분쇄, 뼈는 그에 더해 3차 가열

---

* 니코고리(にこごり, 煮凍)는 생선 껍질이나 살을 끓여 만든 국물을 차게 하면 젤라틴이 얼어 응고되는 것을 말한다. 특히 가자미, 넙치, 도미 등의 니코고리는 맛이 좋다고 알려져 있다. 생선 껍질, 생선 살, 파드득나물의 뿌리, 가늘게 채 썬 생강에 우무, 다시, 간장, 설탕 등을 한데 섞어서 끓인 다음 차게 식혀서 굳힌다. 젤라틴을 약간 섞어서 만들기도 한다. 니코고리는 주로 전채 요리나 술안주로 이용한다.

(위) 새로 개발한 식품가공법, 레시피 등을 소개한 패널.
(아래) 발명증서와 창의고안증서.

(115℃, 30분)을 한다. 그다음에 그것들을 틀에 넣어 차갑게 굳히면 콜라겐의 묵이 완성된다"라고 적혀 있다. 이어서 "이 묵을 사용해서 여러 다양한 료리를 만들 수 있다"라고 씌어 있다. 타조 고기는 고단백, 저지방으로 철분의 함유량이 높다고 알려져 있다. 알, 날개깃, 껍질에 이르기까지 버릴 것이 하나 없다. 대형 조류인 타조의 발(다리의 어느 부분을 가공하는지를 확인하지 않았지만, 아마도 닭발과 같은 부위라고 추측한다)까지 식용으로 가공할 수 있다면, 새로운 식품 개발에 분명 큰 역할을 맡을 것이다.

료리 과학기술 성과 전시회는 국내에서 안정적으로 많이 생산되는 식재료의 생산 원가를 내려 경제 효과를 올리는 것을 목표로 한다. 이 테마에는 "없는 것은 고안해서 만든다"라는 자력갱생의 정신이 깔려 있다.

메밀나물 요리 가공 기술, 감자의 녹말가루 요리 가공 기술, 감자와 콩즙이 들어간 주스 가공법(마요네즈의 대용), 감자를 사용한 국수와 냉동 처리 기술 등을 소개하고 있었다. 그중에서도 절단 작업을 종래의 수직에서 수평 방향으로 바꾼 '감자 절단기'가 인상적이었다. 주행성이 더욱 안정되고, 칼의 마모도 적어지며, 그에 따라 생산 효율 또한 높아졌다. 기계 제작비 또한 40% 절감할 수 있다(실제 기계를 볼 수 없어서 매우 아쉬웠다).

다음으로 본 '가압 처리에 의한 다시마 가공법'은 다시마를 가정에서 가압 처리함으로써 영양분을 잃지 않으면서도 쉽게 먹을 수 있도록 한 조리법이다. 딱딱하게 말린 다시마를 불리는 시간을 단축할 수 있는 장점이 있다. 압력솥과 비슷한 원리 같다. 가압 처리한 다시마의 튀김이나 분말도 함께 전시했다. 출품자는 '모란봉구역 종합식당 급양부원'이며, 국가로부터 창의고안증서를 받았다.

가동 시간을 조절할 수 있고 연간 2,400kw를 절전할 수 있는 '멸균소독기', 김치 생산의 공업화 과정에서 깍두기의 규격화를 실현하고 작업량을 30분의 1로 줄인 '깍두기용 무 절단기', 그리고 '공기압식 마늘 다듬기'도 있었다. "이것은 마늘의 파손 부위를 줄일 뿐만 아니라, 위생 측면에서도 안전성이 우수하고 작업 삭감과도 연결된다"라고 씌어 있었다. '복합 가열식 프라이팬'은 식용유의 가열에 의한 열화를 억누르고 가열 시간을 단축해서 튀김 기름의 소비량을 줄인다. 또 자극 물질이자 독성이 강한 아크롤레인(acrolein)이 거의 발생하지 않아 노동 환경 또한 개선할 수 있다고 씌어 있었다. 그리고 다양한 크기로 파를 썰 수 있는 '파 전용 만능 절단기'는 한 사람의 조작만으로도 간단하게 대량 절단이 가능하다고 한다. 식품의 딱딱함이나 점성 등을 수치화해서 평가하는 '물성 측정기'도 있었다.

자금이나 물질이 풍부하다면 설비를 얼마든지 만들어 낼 수 있다. 하지만 강도 높은 경제 제재가 계속되는데도 불구하고 이만큼 이룬 사람들의 저력에 새삼 감복했다. 만약 경제 제재가 풀린다면 우리나라는 과연 얼마나 대단한 나라가 될 것인가? 과학기술도 경제도 세계에서 결코 뒤지지 않는 진정한 강성국가가 되기를 바라마지 않는다.

료리 과학기술 성과 전시회에는 우리나라 가정에서 곧잘 해 먹는 요리나 전통적인 민족 요리도 전시되어 있었다. 또 음식을 통해 건강 효과를 높이려는 전시 내용이 많았다. 일본에서는 귀한 식재료인 아욱 잎을 사용한 빵과 과자, 아욱 잎을 넣은 미꾸라지탕 등이 전시되어 있었다. 다음으로 '구기자에 녹차 엑기스를 배합한 건강 음료 제조법'. 구기자는 구기자나무의 열매다. 구기자차는 한국에서도 친숙한 건강 음료다. 여기에 녹차를 더함으로써 상승효과를 기대한 것 같았다. 성분을 섞어 일어나는 변화와 영향, 영양 평가를 좌우하는 상세한 성분은 적고 있지만, 상세한 데이터는 없었다. '녹차 잎과 짜장면 기름을 이용한 막걸리'도 흥미로웠다. 그밖에도 돼지 요리(예를 들어 귀나 피를 이용한 요리)도 많았다.

료리 기술 경연회

이번에는 특히 '공훈료리사'라는 칭호를 가진 조리사들의 모범 경연과, 대학생들이나 유명 셰프들이 솜씨를 겨루는 대회가 인기를 끌었다.

(위) 아욱 잎을 넣은 미꾸라지탕.

(아래) 휴대폰을 들고 찰칵찰칵 사진을 찍는 관객들.

나는 사진 촬영 및 출장자와의 인터뷰를 명목으로 〈조선신보〉 기자인 척 구획 안으로 서슴없이 들어갔다. 휴대폰을 한 손에 들고 찰칵찰칵 사진 찍는 것을 본 관람객들로부터 "뭔 짓이오? 나가시오!"라고 몇 번이나 주의를 들었다. 〈철인 요리왕〉*에서 본 듯한 장면을 눈에 담고자 멀리서부터 일부러 발길을 옮기는 사람들의 기분을 충분히 이해할 수 있었기 때문에 진심으로 사과했다. 그렇지만 취재를 안 할 수는 없지 않은가! 나는 사명감을 갖고 〈조선신보〉 기자 옆에서 떨어지지 않으려 했다.

먼저 대학생들의 요리 대회를 견학했다. 두 그룹 중 첫 번째는 장철구평양상업종합대학을 비롯해서 7개의 대학이 참가했다. 그중 '공업대학'으로 이름 붙은 대학이 5개교였다. 테마는 돼지고기전. 전국에서 선발된 학생들이라서 그런지 솜씨가 좋았고 칼 쓰는 솜씨도 남달랐다. 두 번째는 기술계 대학 그룹으로 이전의 전문학교 학생들의 요리 경연이다. 테마는 명태전.

다음으로 공훈료리사들의 특기 사범 경연. 테마는 메기조림이었다. 그런데 이번 요리 경연에서 가장 눈에 띄는 것은 유명 레스토랑 조리사들의 '생선회' 대회였다. 식재료

• 〈철인 요리왕(料理の鉄人)〉은 일본 후지 TV의 요리 대결 프로그램으로 1993년 10월부터 1999년 9월까지 방영되었다.

솜씨 좋게 칼질하는 공훈료리사.

(위) 완성된 생선회 요리.
(아래) 심사위원들이 오감을 총동원해서 심사하고 있다.

는 복어, 가물치, 룡정어 중에서 하나를 골라 관중을 앞에 두고 살아 있는 상태에서 회를 친다. 국내 굴지의 요리사들은 심사위원의 "스타트!" 신호와 함께 생선을 서둘러 도마 위에서 호쾌하게 회 치기 시작한다. 펄떡펄떡 뛰는 물고기를 정갈하고 솜씨 좋은 칼질로 묵묵하게 회 치는 모습을 본 관중들로부터 절로 환성이 터져 나온다. 출장자 가운데 평양고려호텔의 김철해 요리사는 여러 요리 대회에서 수상 경력을 가진 강자로, 작년 태양절료리축전에서 우승한 실력자이다. 접시에 담는 것까지 끝낸 김철해 요리사에게 일본 생선회와의 차이를 물어보았다.

"회를 먹을 때 조선에서는 와사비가 아니라 초고추장을 찍어 먹습니다. 특히 담수어의 경우는 냄새를 흡수합니다."

실제로 지방이 낀 생선은 와사비를 찍어 먹는 것이 맛있지만, 오징어처럼 담백한 생선은 초고추장과 궁합이 맞는다(사람마다 취향은 제각각이겠지만).

경연은 종반을 향해 가고 곧이어 종료 신호가 울리면 바로 심사를 시작한다. 자르는 방법, 담는 방식, 초고추장의 맛 등을 종합적으로 평가한다. 심사 뒤 특별히 생선회를 시식할 수 있다. 복어를 먹을 수 없어서 유감이었지만, 가물치와 룡정어를 먹었다. 가물치는 지방이 적고 담백했다. 얇게 저민 레몬과 잘 어울렸다. 룡정어는 지방이 끼어 있어서 오도독오도독 탄력이 있었다. 실은 어제 대동강수산물식당에서 룡정어 회를 막 먹었던 참이다. 솔직히 '다른 생선인가?'라는 생각이 들 정도로 전혀 달랐다. 특히 식감이 좋다. 출장자들의 실력을 느낄 수 있었다.

풍족한 음식

료리축전 마지막 날에 관객 대부분이 여성이라는 점, 그리고 심사위원이나 조리사는 남성이 많다는 점을 깨달았다. 안내인 최 선생에게 이야기하자, 최 선생은 순간 멈칫했지만 이내 쓴웃음을 지으며 목소리를 낮춰 말한다.

"나도 그 점을 예전부터 느끼고 있었습니다. 여성 쪽이 압도적으로 미각, 후각 등 남성보다도 민감하고, 조리 기술이나 담는 감각을 보더라도 남녀의 차이는 거의 없습니다. 이 점에서 조선은 아직 멀었습니다."

발명이란 생활 속의 불편함을 해소하기 위해 매일 시행착오를 겪는 와중에 생겨난다. 북조선 사람들은 "나라를 위해, 인민을 위해 무엇을 하면 좋을까?"를 매일매일 생각한다. 이러한 문제의식이 발명으로 이어지고 생활을 개선시키며 마침내 나라를 번영케 한다고 생각한다. 이번 료리축전에서 가장 흥미롭고 재미있었던 것은 '료리 과학기술 성과 전시회'였다. 음식에 관한 수다한 발명, 기술 개발, 다양한 요리법, 가공식품 등이 있었다. 그것들은 모두 인민한 사람 한 사람의 노력과 노고가 쌓여 지금까지 어려운 시련을 참고 견딘 인내력, 강도 높은 경제 제재를 뛰어넘는 자력갱생의 강한 정신이 만들어 낸 것임을 다시 한 번 느꼈다.

료리축전의 최종 목표는 '풍족한 음식'이다. 경제 대국이라 일컬어지는 국가들과 단순 비교할 수 없겠지만, 그 목표는 분명하다. 목표를 달성하기 위해서는 사람들이 많은 피와 땀을 흘릴 수밖에 없다. 그러므로 그들의 노고를 잊어서는 안 된다.

분단과 통일 사이에서 재일조선인을 묻다

이 대담은 이 책에 미처 담지 못한, 재일조선인으로서 글쓴이의 삶과 가족사, 우리학교와 민족교육의 현황과 의의, 조선대 학생들의 단기연수의 의미, 그리고 한반도 통일로 나아가기 위한 조선대의 역할에 대해 글쓴이와 옮긴이의 의견을 나누는 자리로 기획했다. 2020년 1월 30일 조선대 김정숙 교수 연구실에서 진행했으며, 서울대 인류학과 박사 수료생인 손성규 씨가 이 자리에 함께했다. 서울대 인류학과 석사과정생인 윤유선 씨가 녹취 정리를 도왔다.

차은정   아직도 한국에서는 재일조선인에 대해서 잘 모릅
니다. 모르기 때문에 생기는 편견이 있습니다. 그래서
이 자리를 빌어 재일조선인의 삶을 조금이나마 알고
싶습니다. 재일 동포는 다양하게 불립니다. 재일조선
인, 재일한인, 재일코리안, 자이니치 등등. 이는 그만
큼 재일 동포를 바라보는 바깥의 시선이 복잡하다는
것을 말해 주는 한편으로, 그 내부에서도 지향이 여러
갈래임을 말해 줍니다. 그렇게 되기까지는 재일조선
인의 역사가 있을 텐데요, 그 속에서 선생님이 조선적
을 선택하고 조선대 교수가 되기까지의 과정을 듣고
싶습니다. 3세죠?

김정숙   아버지 쪽으로는 2세입니다. 3세라 생각했는데,
아버지가 제주도에서 1928년에 태어나서 어릴 때 일
본으로 건너왔습니다. 할아버지가 미국 화물선에서
일하는 와중에 1934년인가 1936년에 고베에 왔는데,
당시 식민지 시대라서 '무국적자'이지 않습니까? 그래
서 오무라수용소에 수감되었고, 석방되고 나서 일본
에 눌러앉으면서 제주도에 있는 부인과 자식들을 다
일본으로 부른 겁니다.

차   선생님께서 처음에는 3세라고 하셨지요?

김   아버지가 "나는 2세다"라고 자주 말해서 나도 그렇게

알았습니다. 우리 가족이 어떻게 일본에 정착하게 되었는지에 대해서 내가 아버지에게 들은 것은 "나는 2세다"라는 이야기뿐이었습니다. 이번에 오빠에게 물어보니 "나도 실은 그렇게 알고 있었는데 찾아보니까 그렇지 않았다"라고 말해 주었습니다. 그래서 2세라는 것을 알게 되었습니다.

차   부친의 고향이 제주도 어디입니까?

김   조천면 신흥리입니다.

차   조부는 일본에서 무슨 일을 하셨습니까?

김   할아버지가 일본에서 어떻게 살았는지는 자세히 잘 모르고, 1945년 해방 직후에 돌아가려는 생각도 없지 않았다고 합니다. 그런데 고향에 돌아가기 위해서는 여러 가지 준비할 것이 있지 않습니까? 그러던 중에 제주 4·3이 일어납니다. 그 일로 인해 못 돌아가게 됐습니다. 그때 마침 일본에서는 해방 직후부터 국어강습소를 시작으로 해서 조선의 아이들에게 우리말부터 배워 주자는 운동이 있었고, 아버지가 그 운동에 적극적으로 관여했습니다.

할아버지는 미국 화물선에서 일했으니까 영어를 잘했어요. 그래서 GHQ가 일본을 1945년부터 1952년까지 7년 동안 일본을 통치하지 않았습니까? 그래서 할아버지가 GHQ하고 조총련 사이에서 '조선 사람을 키우려면 조선학교가 있어야 한다. 조선 역사를 배울 기회와 권리를 달라'는 내용으로 통역을 했습니다.

그리고 또 1948년에 4·24 교육 투쟁*이 일어났습니다. 그때 아버지가 재일조선학생동맹 효고(兵庫) 지부 부위원장이었고, 교육 투쟁을 이끌다가 고베경찰서에 구금되었습니다. 무죄로 풀려난 다음에는 도쿄로 왔습니다.

차   부친은 도쿄로 온 이후로도 계속 활동하셨나요?

김   그렇습니다. 도쿄 아라카와(荒川) 조선청년회 회장이었고, 다이토(台東)회관 접수 반대 투쟁**에 나섰다가

• 미 군정기 일본 문부성은 재일조선인 학교를 불허하고 조선인에게 일본 학교에 다닐 것을 1948년 1월 24일부로 각 지방에 통지했고, 일본 학교의 교사를 빌려 쓰고 있던 조선학교에 퇴거를 종용하는 한편 사립학교 인가 신청을 요구했다. 재일조선인 학교는 이 조치에 계속 저항했다. 1948년 4월 23일 오사카부 청사 앞에서, 그다음 날인 24일에는 고베에서 수만 명이 집결해 조선학교 부당 탄압 반대 집회를 열었다. 24일 고베에서 일본 당국에 의해 집회가 무력 진압되었고 이 과정에서 16세 소년 김태일이 후두부를 관통한 총상으로 사망했다. 이 일을 계기로 일본 각지에서 교육 투쟁이 일어났다.

•• 1945년 10월 15일 결성된 재일조선인연맹은 1949년 9월 8일부로 일본 당국에 의해 '폭력 단체'로 규정되어 해산과 재산 몰수를 명령받았다. 이에 재일조선인연맹에서는 다이토회관을 접수하

다시 신주쿠경찰서에 잡혀 들어갑니다. 아버지는 대단한 활동가였습니다. 몇 번을 구류되었는지 모릅니다. 1955년에 조총련이 결성되면서 도쿄본부 문화부에서 일했고 60년 중앙교육회 이사를 맡으면서 그로부터 20여 년간 교육 관계 일을 쭉 봅니다.

차 부친이 조총련의 핵심에 있었네요. 어머니도 조총련 활동을 했나요?

김 어머니는 활동을 하지 않았고, 활동하는 우리 아버지를 뒷받침했습니다. 그 시대에 이런 활동을 하는 1세와 2세 분들의, 소위 '아주머니들', 우리 어머니 같은 사람들은 대체로 이런 활동가를 뒷받침하기 위해 생계를 도맡습니다. 예컨대 장사를 해서 가족의 생계를 책임진 겁니다.

차 고생을 하신 거죠.

김 그러니까! 어린 자식들도 많고, 다 집안일을 보면서 돈도 만들어 줍니다. 활동하는 사람이 어떻게 돈이 생깁니까?

손성규 구금되거나 하셨을 때 뒷바라지 이런 것도 하시

려는 법무부 당국과 경찰에 저항했다. 그러나 1950년 3월 20일 경찰에 의해 진압되었고, 이 과정에서 119명의 조선인이 검거되었다.

고요?

김 다 했죠.

차 조총련 활동을 한다고 해서 돈이 생기지 않으니까 그 아내들이 돈도 벌고 한 것이죠.

김 그렇죠. 우리 어머니도 평생 고생을 했습니다.

차 선생님은 어릴 때부터 그런 활동을 지켜봤기 때문에, 어떻게 보면 당연하고 자연스럽게 생각할 수도 있지만, 또 한편으로는 꼭 이렇게 살아야 하나 이런 생각도 들었을 것 같아요.

김 이렇게 살아야 하나 하는 딴생각은 안 했습니다.

차 삶이 힘들잖아요?

김 힘들죠. 이 힘든 생활에서 벗어나고 싶다는 생각은 솔직히 했습니다. 그런데 이렇게 힘든 생활을 하는 사람들이 주변에 많다 말입니다. 학교에 가면 동무들이 '우리 집은 이렇게 힘들다, 저렇게 힘들다'고 이야기했습니다. 화려한 옷을 입는 것도 아니고 그만그만하게 살면서도 딴생각을 하는 동무는 없었습니다.

차 조선대를 졸업하고 나서 오차노미즈(御茶ノ水)대학에서 연구 생활을 했죠?

김 오차노미즈대학은 국립 여자 대학입니다. 내가 1992년에 조선대를 졸업했습니다. 조선학교 졸업생은 일본 국립대학에 시험 볼 자격이 없어요. 그런데 '연구생'이라는 제도가 있습니다. 나는 조선대를 졸업한 후에 연구생으로 일본 대학 연구실에 들어가서 한 6, 7년 정도 같이 연구했습니다. 박사 학위를 받을 수 있는 것은 아니지만 공부하려는 생각에서 '공동 연구'라는 형식으로 있었습니다. 실험도 같이 하면서 많이 배울 수 있는 좋은 기회였습니다. 그와 동시에 조선대 교수 일도 보았습니다. 절반은 연구실에 있고 절반은 조선대에서 일하며 바빴습니다. 그러다가 결혼을 하고 아이를 낳고 그걸 계기로 연구실을 나가지 않게 되었습니다. 교수 일을 계속하려고 공화국에 석사 논문을 제출해서 학위를 받았습니다.

귀국사업과 가족의 이산

차 다시 선생님의 가족 이야기를 해 보겠습니다. 가족 중 몇몇 분은 북한에 계시죠? 귀국사업으로 가족 중 몇몇이 가셨고 선생님은 안 가셨고요. 귀국사업으로 누가 갔나요?

김 1959년 12월에 첫 귀국선이 떴지 않습니까? 그다음 해인가 다다음 해인가 아버지의 형들 두 명이 갔습니다. 아버지 형제가 남자만 여섯입니다. 아버지가 셋째입니다. 위로 두 형이 공화국으로 귀국했습니다. 맨 위의 삼촌은 신문 기자였습니다. 둘째 삼촌은 장사를 했던 것 같습니다. 그것도 다 걷어치우고 갔습니다.
아버지와 그 밑의 동생들은 다 일본에 남았습니다. 지
금은 일본에 있는 다섯째 삼촌만 살아 계십니다.

차 선생님의 언니는 언제 갔나요?

김 언니는 1973년 3월에 갔습니다. 내가 1969년생이니
까, 내가 3살 때.

차 그때 기억이 있습니까?

김 니가타 항구에서 만경봉호에 언니가 탄 모습은 기억
이 납니다. 가족 모두가 언니를 바래러 갔습니다. 그것
만 기억납니다. 그때 내가 어려서, 나중에 오빠한테 물
었죠. 언니가 어떻게 해서 가게 되었느냐 하니까, 실은
언니는 우리학교 고급부 졸업 후에 금강산가극단* 무
용수로 예정되어 있었습니다. 당시는 재일조선중앙예
술단이라고 했습니다. 그런데 아버지가 귀국하라고
했습니다. 나는 처음에 언니가 자기 스스로 간 것으로
알았습니다. 이제까지 그렇게 알고 있었는데, 오빠한
테 물어보니까 그게 아니라고, "내가 중학생이었을 때

• 조총련 산하의 예술 단체로서 1974년 8월에 설립되었다. 1955년
6월에 창립된 재일조선중앙예술단을 모체로 하며, 성악, 무용,
가극 등 종합예술 공연을 지향한다. 북으로부터 기술을 전수 받
고 있다.

에 아버지와 누나가 그것 때문에 싸우는 것을 보았다"라고 말해 주었습니다. 언니는 금강산가극단에 들어가고 싶었고, 아버지는 귀국하라고 해서 싸웠다고 말입니다.

차 그런데 왜 아버지는 언니를 귀국시키려 했습니까?

손 아버지 본인께서는 가실 생각은 별로 없으셨고요?

김 아버지는 '당신은 여기 일본에서 해야 할 일이 있지만, 젊은 세대는 외국어를 알아야 하고 우리말도 알아야 한다'고 생각했습니다. 그래서 언니가 평양외국어대학에 들어가기를 바랐던 것 같습니다.

차 그렇게 언니가 북한에 가서 평양외국어대학에 입학을 했고, 그 외 형제들은 일본에 있었고요. 그 후에 아버지는 딸 보러 북한을 자주 갔던 거죠?

김 아버지가 공화국에 처음 간 때는 1980년대입니다.

차 언니는 평양에서 혼자 지낸 건가요?

김 혼자 지냈지요. 대학 기숙사에서. 삼촌들이 있기는 했지만. 그래서 오빠한테 물어봤습니다. "아버지는 딸을 왜 그렇게 보냈을까?" 오빠는 아버지가 그 정도로 활동가였다고, 딸을 보낼 정도로 상당한 활동가였다고 말했습니다. 아버지는 언니가 대학 졸업 후 조선력사박물관에서 강사를 하게 되었을 때 언니를 무척 자랑스러워했습니다.

차 그 후로 언니를 언제 처음 다시 만났습니까?

김 우리학교 고급부 2학년 때 공화국을 가서 만났습니다. 그때 공화국에 50일쯤 있었습니다.

차 어땠나요?

김 니가타에서 삼지연호를 타고 원산항으로 들어갔습니다. 그때 처음으로 언니를 만났는데, 사진으로만 보다가 막상 만나니까 어색한 분위기였죠.

차 그때 언니는 결혼도 하고 아이도 있고요?

김 예. 조카들도 있고, 형부도 귀국 동포입니다.

차 언니는 지금도 평양에 계신가요?

김 평양 선교구역에 살고 있습니다.

차 그때 북한을 처음 방문해서 50일 동안 뭐 하셨어요?

김 전국을 다 갔죠. 그때 백두산 갈 때는 기차 타고 이박 삼일로 다녀왔습니다. 묘향산 갈 때도 일박 이틀 기차 타고 갑니다. 그게 또 즐거웠습니다. 개성은 버스 타고 갔습니다. 금강산도 가고 지방이란 지방은 다 돌았습니다. 평양도 참관하고.

차 두 번째로 간 것은 고3 수학여행 때고요, 그 후로 계속 북한을 왔다 갔다 한 거죠?

김 예. 그다음에 간 것은 대학 4학년 때입니다.

차 그 후로 계속 언니를 만나신 거잖아요. 그러면 언니를 통해서, 제가 생각하기에는 북한에 아무 가족이 없는 것보다 가족이 있으면 북한의 일상생활까지 다 알게 되지 않나요?

김　언니 집에 가면 조금은 알 수 있습니다.

차　북한 사람들의 생활 모습이 재일조선인과 많이 다르잖아요.

김　많이 다릅니다. 정치·경제적 배경이 일본과 공화국이 다르지 않겠습니까?

차　그런 데에서 오는 이질감 같은 것이 있지 않나요? 같은 가족인데 생활문화가 다른 것에 대해서요.

김　언니가 18살에 공화국을 가지 않았습니까? 그렇다는 것은 18살까지 일본에 살았다는 겁니다. 일본에서 자란 문화적 토대에서 뛰쳐나가서 갑자기 공화국이라는 전혀 다른 지향의 사회에 들어갔으니 '컬쳐쇼크'를 받았겠죠. 특히 생활문화의 차이에서 오는 모순을 느꼈을 겁니다. 언니가 그런 이야기를 조금씩 털어놓는데, 다 하지는 않습니다. "너는 아직 어려서 이야기해도 모를 것이다. 네가 크면 이야기해 주겠다." 종종 그런 말을 했습니다. 언니가 가장 어려웠을 때가 '고난의 행군' 그때가 아닌가 합니다.

차　김일성 주석의 사후인 1994년부터 약 10년간의 시기 말이지요?

김　그때가 아마 가장 힘들었을 겁니다. 1994년과 1996년

에 방문했고, 그로부터 6년 후인 2002년 늦여름에 방
문했습니다. 언니 집에 가면 살림살이를 살펴보는데,
풍족하지는 않아도 그럭저럭 잘삽니다. 집 앞에 텃밭
을 만들어 놓고 깻잎, 가지, 고추, 오이 등의 이런저런
채소를 길러서 반찬을 해 먹습니다. 알뜰살뜰하게 사
는구나 하는 그런 느낌을 받습니다. 또 평양에는 사촌
언니가 살고 있습니다. 평양호텔에서 걸어서 갈 수 있
는 중구역에.

차 중구역이요? 중구역은 잘사는 데잖아요.

김 그렇죠. 사촌 언니는 귀국사업 초창기인 1960년에 어
릴 때 공화국을 가서 김원균명칭음악종합대학에 들어
갔습니다. 음악 대학에 들어가서 피아노를 전공했기
때문에 피아노 교습까지 하니까 번듯하게 잘살고 있
습니다. 평양에도 경제적 차이는 있습니다.

조선대의 단기연수에 대하여

차 선생님은 어릴 때부터 조선학교를 다녔습니다. 유치
원부터 고등학교까지 우리학교를 다니고 조선대에 입
학했는데, 그때 조선대 분위기가 어땠나요?

김 내가 조선대 입학한 때가 1989년입니다.

차 그때는 일과가 정해져 있었고 사상 교육도 있었다면
서요?

김 일과는 예나 지금이나 크게 다르지 않습니다. 일본 전국에서 오는 학생들은 전원 기숙사 생활을 합니다. 기상과 취침 시간뿐만 아니라 삼시 식사 시간이 정해져 있어서 자연스럽게 규칙적인 생활을 하게 됩니다. 또 그날 배운 것을 익히고 다음 수업을 예습하기 위해 자체 학습이 필요한데, 저녁에 '자학습 3시간'이 일과로 잡혀 있습니다. 나는 리학부 생물과를 다녔습니다. 재학 시절 '자학습 3시간'으로는 공부량이 부족해서 짬을 내어 공부한 기억이 있습니다. 그 추억이 그립습니다. 그 외 정치·정세학습이라고 30분 정도 별도의 학습 시간을 갖습니다.

차 그러면 학생들을 데리고 북한에 연수를 가기 시작한 것은 언제인가요?

김 1994년입니다. 1994년이 처음입니다. 그때는 연수가 아니라 그저 방문이었습니다. 그때도 50일쯤 있었는데, 연수가 아니기 때문에 그저 여기저기 방문해서 교육 실습, 실습을 조금 했나 봅니다. 연수라는 이름으로 바뀐 것이 2008년인가 그 무렵입니다. 가서 뭘 배우냐하면 무엇보다 우리말입니다. 일본에서 배우는 것보다 저쪽에 가서 배우자, 이것이 제일 기본이고 그다음이 역사입니다. 공화국에 가면 혁명 활동의 역사가 있고 하니 그런 걸 배우자. 마지막으로 지금 우리나라의 모습을 직접 보자. 대체로 이 세 가지가 기본이고 학부에 따라 저마다 자기 특색을 살려서 각자 실습을 합니다.

차 기간은 얼마나 됩니까?

김 한 달입니다. 저는 2년제 단기학부생들을 데리고 가니까. 4년제 학부는 학부 특성에 따라 30~60일 정도이며, 교육학과는 3개월입니다.

차 김일성종합대학과 교류합니까?

김 김일성종합대학과 교류합니다. 그 외에도 여러 학교와 교류합니다. 강반석여자고등중학교라고 있습니다. 강반석이 김일성 주석의 어머니입니다. 거기서 교육 실습을 합니다. 또 외국어학부는 평양외국어대학에서 실습합니다. 최근 평양교원대학이 아담하고 현대적인 시설을 갖추었는데, 교육학부 학생들이 거기 들어가서 실습했습니다. 우리는 장철구평양상업종합대학과 교류합니다. 음악을 전공하는 학생들은 김원균명칭음악종합대학에 들어가서 약 2주간 아침부터 저녁까지 소해금이면 소해금, 노래면 노래, 관현악이면 관현악, 계속 연수를 받습니다.

차 조선대 학생들 가운데 한국 국적을 가진 학생들이 있다는 이야기를 들었습니다.

김 예. 지금 60~70퍼센트가 한국 국적이에요. 오히려 조선적은 드뭅니다.

차 한국 국적인데 북한을 가는 건 괜찮나요?

김 우리 조선학교에 다니기 때문에, 그러니까 우리 청년
조직의 보증을 받기 때문에 괜찮습니다. 우리가 인솔
해서 조선대에서 온 학생이다, 조고생이다, 교원이 따
라붙으면 뭐 일없습니다.

재일조선인과 조선적의 의미

차 한국 국적의 학생들도 북한에 갈 수 있다면, 선생님이
조선적을 계속 갖는 이유는 무엇입니까?

김 아, 그건 제가 한국 국적으로 바꿀 이유를 찾지 못했기
때문입니다.

차 조선적이면 한국 갈 때 불편하잖아요.

김 저는 그에 관해서는 소신이 있습니다. 우리 조선학교
의 역사를 공부해 보면, 우리학교가 결론적으로 참 좋
지 않습니까? 우리학교가 있어서 내가 지금 여기에 있
고, 내가 교원으로서 가르칠 수 있는 것도 우리학교가
있기 때문입니다. 우리학교가 이렇게 있기까지는 고
난이 있었습니다. 확실히, 1945년에 해방되었어도 재
일 동포는 완전한 해방을 맛보지 못했습니다. 그러는
와중에 우리학교를 세우자고 한 것입니다. 식민지 시
대에 빼앗긴 우리말과 우리 역사를 다시 찾아오자고

말입니다. 우리학교를 세우고 지키려는 재일 동포들의 투쟁과 활동은 실제로 공화국의 지지와 협력 없이는 불가능했습니다. 공화국은 1957년부터 교육원조금과 장학금을 국가 예산으로 편성까지 하면서 보내 주었습니다. 내 고향은 제주도고, 경상도가 고향인 사람들도 많습니다. 다 남쪽입니다. 그런데 남쪽에서 우리학교를 위해서 무엇을 해 주었는가? 우리 먼 친척이 남한에 살고 있지만, 우리를 살게 해 준 곳은 공화국입니다. 그래서 우리는 공화국을 '조국'이라고 부릅니다.

차 남쪽에서는 재일조선인에게 해 준 게 없죠.

김 없죠. 그래서 우리는 오히려 남쪽으로부터는 버림을 받지 않았는가 하는 느낌이 있습니다. 북쪽은 고향이 아닌데 왜 이렇게 소중할까? 우리 학생들이 우리나라에 가면 잘 왔다고 합니다. 잘 자랐고 우리말 잘 배웠다고. 너희들 일본에서 사니까 힘들지? 조선 사람으로서 똑똑히 살아야겠다, 그런 말을 해 줍니다. 그러면 우리는 일본에서 우리말을 쓰고 우리 역사를 배우고 우리를 지키는 일의 소중함을 깨닫고 조선 사람으로서 이 길이 옳다는 것을 직접 배웁니다. 그래서 방문이나 연수로 그쪽에 가서 그런 이야기를 듣고 눈을 뜨고 그런 마음이 싹틉니다. 그러고 나서 일본에 돌아와서 열심히 살자고 다짐하게 됩니다.

그렇지만 조선적은 그 이상의 의미를 갖습니다. 일본에서 '북조선(조선민주주의인민공화국)'이라는 국적은 허용되지 않습니다. 대신 조선적을 가지고 있는 사람들의 국적을 북조선이라고 하는데, 이는 잘못입니다. 조선적은 북과 남 어느 한쪽을 고집하는 것이 아니라 미래의 통일을 지향하는 것입니다. 내가 한국을 편하게 다녀오기 위해 한국 국적을 얻겠다고 하는 것은 평계에 불과합니다. 기회가 생기면 가는 것이고 자기의식을 가지고 응당 하고 싶은 일이 있다면 가는 것입니다. 고향을 가고 싶다는 것은 사적인 감정이고, 또 고향에 가서 어떤 모습을 보게 될 것이라고 기대하는 그런 느낌도 없습니다. 솔직히 말씀드리면, 오히려 그리운 곳은 언니가 있는 북쪽입니다. 가족이 있다는 것이 제일 크고, 그리고 북쪽에서 하는 말들이 당당하다고 할까요?

손 가족 때문만이 아니라 북쪽 사람들이 하는 얘기가 멋지다는 말씀이죠?

김 예. 정치적인 측면에서도 그들의 주장이 똑똑하지 않습니까? 남쪽 사람에 비하면. 그것이 우리의 현황, 그러니까 민족교육에 투쟁하는 과정과 이어지는 부분입니다. '그들의 말이 배움이고 일본에서 살아나가는 데 필요한 기둥이다.' 그러한 정신적 의미에서의 이어짐은 있습니다. 일본 사람들은 정신이 죽었다고 할까요? 양심적인 사람도 있지만, 지금 아베 정부가 하는 일에 대해 비판하는 사람이 거의 없습니다. 반면에 '헤이트 스피치'가 만연하고 차별은 더욱더 노골화되고 있습니다. 사람들 정신이 다 죽어 가고 있습니다. 그러니까 예컨대 조선학교는 1960년대와 1970년대 아주 셌습니다. 그렇게 된 데에는 양심적인 일본 사람, 진보적인 정치가들의 도움이 있었습니다. 근데 그런 사람들이 이제 없습니다, 일본에는.

차 한국은 사람들이 촛불혁명을 통해 정권도 바꾸고 하면서 사람들의 민주주의 의식이 높아졌습니다.

김 그런 것에 대해 뜨거운 마음은 있습니다. 분단된 조국이 통일되어야 하고. 앞으로 우리의 지향성은 분단 조국이 하나로 되는 것이기 때문에 '같이 자라자' 하는 그 느낌은 응당 받습니다. 그렇지만 지금의 분단 상황에서 남쪽은 아직도 미국을 쳐다보고 있습니다.

차 현재 한국 정부는 위안부와 징용 문제를 둘러싸고 일본 정부의 대응을 비판하고 있지 않습니까?

김 예, 있습니다. 겨우 눈 뜨고 투쟁하고 있구나, 이제 시작했구나 그런 느낌은 있습니다. 지난번에 차 선생님이 이야기하지 않았나요? 민간 단위에서 남북의 교류 기미가 보이기 시작한다고. 그런 교류는 아마 지금이라도 순식간에 이루어질 수 있습니다. 그렇게 힘든 일이 아닙니다. 우리가 이렇게 만나고 있는 것도 통일을 준비하는 것입니다.

차 선생님이 지금 조선적을 그대로 갖고 가겠다는 것은 재일조선인으로서 통일의 뜻을 지키겠다는 것이고요. 어떻게 보면 재일조선인만큼 통일을 바라는 사람들도 없을 테고요.

김 그렇죠. 예, 우리가 분단된 조국의 미래를 생각하지 않습니까? 앞으로 어떻게 될까? 우리는 일본에 있으면서 무엇을 해야 하는가? 이런저런 여러 가지 생각을 합니다. 앞으로 북남 정부 간에 일이 잘되면, 북쪽과 남쪽을 자유롭게 왔다 갔다 하는 그런 날은 조만간에 올 겁니다. 사람들이 그렇게 자유롭게 오가기 위해서는 우선 북남 정부 간에 일이 잘되어야겠습니다.

민족교육의 의의와 우리학교의 미래

차 그런데 조금 전에 말씀하셨듯이 조선대나 조선학교가 앞으로 어떻게 어떤 역할을 해야 하는가, 이런 고민을 많이 하는데요, 우리학교가 지금 많이 어렵잖아요. 일선에서 고민이 많을 것으로 알고 있습니다.

김 많이 고민하고 있습니다. 그러니까 학생 수가 줄어들고, 여기에는 여러 가지 이유가 복잡하게 얽혀 있습니다. 소자화(少子化)의 문제도 있지 않습니까? 조금 전에 이야기한 대로, 한국 국적을 얻으면 한국을 자유롭게 왕래할 수 있고, 또 일본 대학에 다 수험 가능하지 않습니까? 그런 길이 열려 있다면 우리학교를 고집할 이유가 없다고 생각하는 학부모들이 많아지고 있습니다.

지금 학부모 세대는 3세와 4세인데, 그들의 가치관이 많이 변했습니다. 우리학교에 다녔던 학부모 세대들도 앞으로 글로벌 세대에 우리학교가 비좁지 않겠느냐 하는, 오히려 우리학교에 대한 편견을 우리학교 출신자들이 갖고 있습니다. 그렇지만 우리학교 출신자 중에는 유능한 인재, 세계적으로 활약하는 인재도 많습니다. 또 우리학교 졸업생들을 선호하는 일본 기업도 없지 않습니다. 일본어와 우리말을 구사할 수 있고 영어도 할 수 있으며 조직 생활도 잘한다고 합니다. 그런데도 일본에서 재일 동포가 정상적인 생활권 및 교육권을 누리는 것이 쉽지 않습니다. 그런 이유로 '여기를 벗어나서 일본 학교에 들어가야 하지 않는가'라고 생각하는 재일 동포들이 있을 수 있습니다.

하지만 우리말을 배우고 우리 민족의 가치를 가르치는 곳은 우리학교밖에 없습니다. 우리는 투쟁을 했습니다. 1945년부터 오늘날까지 투쟁하는 게 너무 힘듭니다, 특히 정신적으로. 바깥에서 우리학교를 보면서 훌륭하다고 합니다. 그렇지만 그 가치를 내부에서 느끼지 못하면 소용이 없습니다.

한편 왜 이렇게 되었는가, 또 다른 이유를 생각하면 경제적으로 부담이 된다고 할까요? 사실 우리학교 학비가 일본 사립학교만큼 비쌉니다. 그 외 통학비, 식비, 이러저러한 잡비도 듭니다. 우리학교의 수가 점차 줄어들고 있고, 지방의 중소 도시에 사는 동포들이 우리학교에 자녀를 보내고 싶어도 인근에 없기 때문에 멀리 기숙사가 있는 학교에 보내야 합니다. 또 우리 세대나 우리 위의 세대는 우리학교에 대한 좋지 않은 인상, 예컨대 우리학교에서 가르치는 내용이 시대착오적이다, 사상 교양이 과해서 싫다, 이렇게 해서 막 떨어져 나가는 사람들도 없지 않아 있었습니다.

손 그러면 조선대 학생들 분위기가 십 년 전이랑 많이 다른가요?

김 많이 다릅니다. 우리 세대의 아이들, 예컨대 내 아이들이 1998년과 2000년에 태어났습니다. 2000년에 태어난 아이들은 비교적 북남통일 분위기가 6·15세대 이후부터 좀 가깝게 느끼는 것 같습니다. 반면에 고교무상화 문제가 있지 않습니까?

차 고교무상화 문제라는 것이 무엇인가요?

김   그러니까 우리 조선학교가 '각종학교'의 인가를 받은
    다음에 여러 가지 행사에 참여하게 되었습니다. 예를
    들어, 어느 콩쿠르에 참가한다든지 어느 대학에 수험
    자격을 얻는다든지, 또 축구나 배구에서 고교대항전
    그런 대회에 참가하게 되었죠. 거기까지는 좋았습니
    다. 그런데 일본 문부과학성이 인정하는 일조교* 학교
    는 혜택을 받지만, 각종학교는 그런 혜택을 받지 못합
    니다. 그래서 우리는 문부과학성으로부터 조선학교를
    일조교에 준한 공적인 제도에서 보장을 받을 수 있게
    인정해 달라고 합니다.
    고교무상화에서 우리학교가 배제되었기 때문에 우리
    학생이 원고가 되어 재판을 진행했습니다. 문부과학
    성은 고등학교로 인정받으려면 일본 학교의 일본 사
    람을 키우기 위한 과정안으로, 일본이 지정한 교과서
    를 사용하여 가르치라고 합니다. 우리는 그건 안 된다,
    우리 과정안을 보여 주면서, 우리는 일본 학교와 다르
    지 않은데 뭐가 문제냐? 우리말을 가르치고 우리 노래
    를 가르칠 뿐인데 말이죠. 교과서도 우리가 다 만듭니

• 일조교는 일본 학교교육법 제1조에서 규정하는 학교인 유치원,
  소학교, 중학교, 고등학교, 중등교육학교, 특별지원학교, 대학교,
  고등전문학교를 가리킨다.

다. 응당 일본 교과서도 참고합니다. 다만 역사 문제
는 우리의 관점에서 서술되어야 하니까 객관성을 보
장하기 위해 예민하게 신경을 쓰겠지요. 그런데 이 역
사 문제를 뭐라고 하는 겁니다. 그다음으로 초상화 문
제라든지 걸고 옵니다.

차 김일성, 김정일 초상화 문제가 걸리는군요.

김 걸렸죠. 그래서 초급부와 중급부에는 초상화가 없습
니다. 그런데도 일본 문부성은 인정하지 않습니다. 건
수를 계속 잡습니다. 지금 '금요투쟁'이라고 금요일마
다 조대생이 문부과학성 앞에서 시위를 합니다. 올해
부터는 유치반에도 지원을 하지 않겠다고 합니다. 다
른 유치반은 다 지원하는데 각종학교 유치반에 대해
서는 올해부터 지원하지 않겠다고 합니다. 완전 다른
의미에서의 차별을 시작했단 말입니다. 우리학교에
대해서 '다 보라, 좋은 교육을 하고 있다, 당당하게 인
정하라' 이렇게 하는데, 계속 아니라고 하니까.

차 꼬투리를 잡는 거죠.

김 예. 그래서 꼬투리 잡히는 것이 힘들어서 과정안에 관
한 검토를 많이 했지요. 일본 정부가 "우리학교는 사
상 교육을 한다"라는 소문을 자주 퍼뜨리기 때문에,
또 "총련은 북조선과 이어져 있는 무서운 단체, 그 산
하의 우리학교는 사상 교육만을 하는 학교"라고 합니

다. 이 말은 솔직히 시대착오적이며 비현실적입니다. 또 일본 극우 세력은 그걸 구실로 우리 학생들에게 폭행과 폭언을 행사하기도 합니다.

손　대학에 와서는 사상 교양을 할 수 있다는 것이지요?

김　대학생도 학부 특성에 맞는 과정안을 소화하면서 그와 동시에 인생관에 대해 어느 정도 세계를 보는 데에 가르쳐야 할 부분이 있지 않습니까? 그렇지만 초급부와 중급부, 고급부까지는 정확히 학력을 높이기 위한 기본 과목을 배워 줘야 하지 않습니까? 기본 교육으로서 응당 해야 될 일입니다. 그러니까 우리말도 배워 주고 일본어도 배워 주고 영어도 배워 주고 하는 겁니다. 일본 학교와 다른 것도 없고 모순되는 것도 없습니다. 그런데도 어찌나, 특히 역사에 대해서는 시끄럽게 말하는지.

차　인가를 내주지 않으려고 그러는 거죠.

김　그렇습니다. 그래서 재일 동포의 역사는 투쟁의 역사라고 합니다. 힘들지만 쭉 투쟁하고 있습니다. 그것이 너무 힘들어서 떨어져 나가는 사람들도 많아지고 있습니다.

손　배우는 학생들도 그걸 많이 느끼겠네요.

김　느낍니다. 우리는 일본에 영주합니다. 일본만 바라봐서는 조선 사람이라는 자각을 세울 계기가 없습니다.

그래서 북쪽을 보고 또 남쪽도 많이 봅니다. 매우 자연스러운 과정입니다.

차 혹시 케이팝이나 이런 미디어의 영향이 있나요?

김 있습니다. 2000년대부터 일본에 '칸류'라고 해서 싹 들어왔습니다. 그 영향이 큽니다.

차 BTS 같은 아이돌도 좋아하나요?

김 학생들이 좋아합니다. '아 역시 그런 세대구나.' 자연스럽게 남쪽이 문화적으로 들어오니까 부정을 못합니다.

통일과 조선대의 전망

차 한반도가 외세를 배격하고 스스로의 힘으로 통일을 해야 하고, 북한이 그러한 방향으로 가고 있다고 생각한다고 해서, 북한이 무조건 옳고 남한은 옳지 않다는 것은 아니지요? 재일조선인이 남북을 잇는 역할을 하고자 한다면, 조선대가 북쪽만큼이나 남쪽과 교류를 해야 하지 않을까 합니다.

김 작년 취임한 한동성 조선대 학장의 인터뷰 내용에 따르면, 글로벌 인재 육성을 지향해야 한다고 말씀하고 계시거든요. 공화국의 해외 동포 대학, 그게 우리 대학의 위치입니다. 우리 역사가 그러합니다. 1945년 해방 직후 국어강습소부터 시작해서 민족교육을 일으켜 세운 것은 공화국이 있어서입니다. 단 지금 조선대의 지향성은 많이 달라지고 있습니다. '북과 남이 손을 잡으면 우리는 무엇을 할 것인가'입니다. 우리도 북과도 남과도 손을 잡자는 것입니다.

차 그러니까 조선대의 위상은 남과 북이 손을 맞잡을 수 있도록 측면 지원을 해주는 것인데요, 지금은 공화국의 해외 동포 대학으로서 공화국의 뜻을 우선하는 것이고요. 아예 남쪽하고는 교류하지 않겠다, 하는 것은 아니네요.

김 무엇보다 시대가 그렇지 않다는 겁니다. 학생뿐만 아니라 동포들도 그렇게 생각하지 않습니다. 앞으로 몇 년 후에 우리가 예상치 못한 일이 벌어질 수 있습니다. 참 소극적인 말인데, 몇 년 후에 우리 조선대학교가 어떻게 되어 있을까? 그게 걱정입니다. 지금 현재 그 고민이 제일 큽니다. 조선대가 존재해야 민족교육이 유지됩니다. 그래서 조선대를 키워 가려면 무엇보다 유능한 인재를 배출해야 합니다. 당연한 일이지만 가장 중요하고 어려운 일입니다. 게다가 앞으로 남쪽과의 교류가 잘되면 좋고 그러기 위해서는 학생들이 있어야 합니다.

차 앞으로 한반도 통일 체제를 위해 지금 무엇을 해야 하는지에 대해, 그러니까 당위는 있지만 그것이 현실에 답을 주지는 않으므로, 저는 터놓고 얘기할 때가 되

지 않았나 생각합니다. 지금 조총련이나 조선대 분들
이 '우리는 확실히 북쪽이므로 남쪽에서 제의하는 교
류에 대해서는 보류하겠다'라는 입장을 내세우기보다
한국의 대학과 점차 교류하면서 당위를 세워 가는 것
이 좋다고 생각합니다.

김　예, 저도 그런 생각입니다. 되면 좋겠고요.

북한의 삶과 문화를 이해한다는 것

차　그래서 저는 선생님의 이 책처럼 북한 문화에 대한 책
이 많이 나와야 한다고 생각합니다. 이 책은 북한의
음식뿐만 아니라 음식이라는 공통의 문화를 통해 국
가의 경계를 넘어서는 사람들의 만남의 이야기라는
점에서 더 큰 의미가 있다고 생각합니다. 이 책에서
언니가 해 주는 음식 이야기가 종종 나옵니다. 언니와
음식에 대해 나눈 이야기가 더 있습니까?

손　저도 좀 궁금했던 게 그럼 가서서 언니랑은 음식이나
그 외 다른 얘기들을 나누거나 한 게 있으신가요?

김　언니하고는 또 여러 가지를 이야기하는데 음식 이야
기만 썼습니다. 언니하고는 뭐 아이들 이야기랑 그런
것도 하고. 소위 말하는 우리나라가 어떻게 변했는가
하는 이야기도 합니다. 어디가 어떻게 변하고 뭐 하는
가. 언니 집에 가면 다 이야기해 줍니다.

차 이 책에는 언니가 해 준 음식뿐만 아니라 북한의 다양
한 음식들이 소개되어 있습니다. 선생님은 어떻게 해
서 이 책을 쓰게 되었습니까?

김 계기는 조선대 학생의 단기연수입니다. 2008년부터
본격적인 연수가 시작되었고, 연수 기간도 한 달이나
되었습니다. 학생들의 연수 모습을 보면서, 오늘은 이
런 걸 했구나, 다음날에는 또 이런 걸 했구나, 매일 메
모하기 시작했습니다. 메모를 버리는 것도 아깝고, 학
생들의 생각도 더 자세하게 알고 싶어서 "너희들 어떠
냐?" 이렇게 물어보고, 또 거기 있는 선생님들한테 인
터뷰를 하니까 '이건 이런 겁니다' 말해 주는 것들을
적어 놓다 보니까 점점 내용이 많아진 겁니다. 처음엔
일기로 쓰다가 쓴 것들을 정리하면서 '아 이거 재미나
겠다. 또 내가 이렇게 우리나라를 자주 다녀왔는데 글
로 내지 않으면 너무 아깝지 않나? 알리는 게 좋겠다'
는 생각이 들었습니다. 북조선에 대해 뭐랄까 딱딱한
느낌밖에 없는 일본 사람들에게 북조선에도 평범한
사람들이 생활을 잘 꾸려가고 있다는 이야기를 하고
싶었습니다. 아무래도 식생활은 우리 조선 사람을 좀
이해하기 쉽고 어떻게 생활하는지 알려 주기 쉽다는
그런 이유로 이 책을 썼습니다.

차 저는 선생님의 책에 담긴 웃음 코드가 좋았습니다.

김 　재미난 일이 많았습니다. 우리나라에 가면 우선 생활이 너무 다르니까, 생활이 달라서 웃어 버립니다. 조선대 학생들의 경험이 또 재밌고, 이들이 말하는 말 자체가 재미있고, 행동 그 자체가 재미있고, 거기서 반응하는 그쪽의 사람이 또 재밌습니다.

차 　그래서 약간 동문서답하는 것 같은 느낌의 유머가 있습니다.

손 　재밌겠네요.

차 　이 책은 음식에 대한 것이기도 하지만, 각 지방의 특산 요리뿐만 아니라 일상식과 밑반찬들을 소개하는 한편으로, 일본은 이렇게 먹는데 북한은 이렇게 먹는다 하고 비교도 합니다. 또 북한 사람들과 만나면서 일어나는 여러 가지 에피소드와 해프닝도 있고요. 선생님은 애초에 이 책을 쓰면서 한국의 독자를 염두에 두지 않았잖아요.

김 　전혀 염두에 두지 않았어요. 나는 이 책의 독자를 재일 동포와 일본 사람으로 생각했습니다. 일본 사람들이 공화국을 잘 모르기 때문에 일본말로 쓰겠다고 했습니다. 실제로 이 글을 〈조선신보〉에 연재하는 중에 일본의 이와나미쇼텐(岩波書店)에서 일하다가 은퇴하신 분으로부터 강연을 해달라는 부탁도 받았습니다. 일본 사람들한테도 반응이 비교적 좋았습니다. 양심적인 일본 사람들은 우리 공화국을 알고 싶어 합니다. 그러니까 남조선 사람들에게 이 책을 읽히자는 생각은 전혀 없었습니다. 차 선생이 좋다고 해 주니까, '아 좋은 건가?'하는. 오히려 왜 좋은 건지 잘 모르겠습니다.

차 저는 원서를 읽었고, 한국 출판사 대표는 제가 번역한 초고를 읽었습니다. 그러고 나서 둘이 이야기를 나눈 것이 재일조선인의 정서를 느낄 수 있다는 점이었습니다. 재일조선인은 일본인이 아닙니다. 남한 사람과도 북한 사람과도 또 다릅니다. 저희가 같은 언어를 쓸 뿐이지, 남한 사람이 북한 사람을 만나면 정말 다르다는 것을 느낍니다. 그렇듯이 재일조선인과도 다릅니다. 그런데 논리적으로 다르면 논리적으로 따져보면 다른 논리를 알 수 있지만, 정서가 다른 것은 다른 것은 알아도 어떻게 다른 것인지 알기 어렵습니다. 그런데 이 책은 그 다른 정서를 느끼게 해 줘요. 출판사 대표도 그렇고 저도 그렇고 '이 책은 참 따뜻한 책이다. 되게 따뜻하다. 따뜻하면서 좀 웃기다'라는 생각을 했습니다.

그리고 선생님의 다름을 풀어 가는 방식이 좋았습니다. 사실 북한과 남한, 재일조선인 뿐만 아니라 해외의 수많은 동포들은 한민족의 문화적 토대를 공유하지만 그 떨어진 세월만큼 다른 삶을 살 수밖에 없습니다. 그렇지만 우리가 같이 살아야 하고, 그랬을 때 우리가 다른 삶과 문화를 어떻게 받아들일까? 이에 대해 선생님의 자세는 해학적입니다. 그냥 웃긴 겁니다. 참 웃기다. 그냥 웃으면 되는 겁니다. 차이를 해소할 필요도 없고 너 다르고 나 다르다고 나눌 필요도 없고 그냥 웃으면 되는구나, 이런 걸 배웠습니다.

김 예. 사실 나도 글 쓰면서 많이 웃었습니다.

차 그러니까 어떻게 보면 다른 문화를 접하는 순간 바보가 된 느낌을 받을 수도 있습니다. 그쪽 사람들에게 '이 사람 되게 웃기다' 그런 느낌을 줄 수 있고요. 그런 점에서 논리적으로 이게 옳다 저게 옳다를 먼저 따질 것이 아니라 우선은 서로 웃어 보자는 것이고요. 이 책은 바로 그것을 말해 주어서 참 따뜻하게 느껴집니다. 우리가 통일을 지향하면서 당장은 조금씩 교류를 해 보자는 사람들이 막상 교류할 때 느끼는 어떤 차이의 장벽 앞에서 '아, 이렇게 가볍게 웃으면 되는구나' 하는 그런 것을 말해 줍니다. 이 책이 그저 북한 음식에 대한 정보만을 주었다고 한다면, 그렇게 저의 마음을 움직이지 못했을 겁니다.

손 저는 사실 책을 읽지는 못했지만 얘기만 들어서도 되게 재밌을 것 같습니다. 그러니까 남쪽 사람들이 읽기에도 재밌을 것 같고, 게다가 김정숙 선생님께서 오히려 남쪽에 대한 고려 없이 쓰셔서 오히려 남쪽 사람들이 더 재밌게 읽을 수 있을 것 같습니다. 오히려 한국의 독자를 염두에 두고 쓰셨다면 언어가 그렇게 재미있지 않았을 수도 있는데, 편하게 해서 그게 되게 좋을 것 같습니다.

김 역시 이 책의 반응이 제각각입니다. 일본 사람하고 재일조선인의 반응과 남쪽 분들이 재밌어 하는 부분이 다릅니다. 남쪽 분들이 공화국에 대해 갖고 있는 인상이라는 것이 있습니다.

손 책이 기대가 됩니다.

차 저자와의 대화는 여기서 마무리하겠습니다.

김 다 됐는지 어떤지 모르겠습니다.

차 이 정도면 됐습니다. 감사합니다.

밥상 아리랑

1판 1쇄 인쇄 2020년 3월 20일
1판 1쇄 발행 2020년 3월 27일

글쓴이 김정숙
옮긴이 차은정
펴낸이 임중혁
펴낸곳 빨간소금

등록 2016년 11월 21일(제2016-000036호)
주소 (01021) 서울시 강북구 삼각산로 47 나동 402호
전화 02-916-4038   팩스 0505-320-4038
전자우편 jioim99@hanmail.com
ISBN 979-11-965859-5-2 (03910)

*책값은 뒤표지에 있습니다.